一緒に考え、一緒に見つける！

ソーシャルスキル トレーニング絵カード サポートブック

対象絵カード：幼年版４～８、小学生低～高学年版

ことばと発達の学習室 M

エスコアール

はじめに

このサポートブックには､幼年版4・5・6・7・8と小学生低学年版1・2、中学年版1・2、高学年版1・2の計11冊、各15例を掲載しています。どの絵カードも、ある場面に対する言動とその反応を2通り描き、それを対比して考えるという構成です。言葉や行動次第で相手の反応が変わることを知り、「1.こんなとき（場面提示)」には「2.こうするよりは（不適切な行動)」「3.こうしてみては？（適切な対処行動)」どうだろう、と3つの絵カードを見ながら考えるようになっています。

この3枚を下記の順番で並べて示し、場合によっては2と3を比較したり、2を抜いて（裏返して）3だけを残して印象付けるなど、一人ひとりの理解度に合わせて指導を進めていただければと思います。

1　こんなとき

2　こうするよりは

3　こうしてみては？

注意点としては、その場で性急に「こうすればよいです」と教え込むのではなく、あくまでも「こんなとき、こうするよりは、こうしてみたらよいのでは？」と提案する立場に徹していただきたいということです。「こ

うおしえられたから　こうする」のではなく、「こうするよりは　こうしたほうがよさそうだ」と自ら考え、言動を選択できることが重要だと思うからです。

この絵カードは、自然にコミュニケーションやソーシャルスキルを獲得することが難しい子たちの初めの一歩(教示・インストラクション)のツールです。

引き続き、実生活の中で「情報の読み取りやモデリング・リハーサル・ロールプレイング」の機会を作っていくことを強くお勧めします。

この 11 冊は、せりふの部分が文字だけではなく、音声でも確認できるようアクトボイスペン（音声ペン）対応になっています。文字が読めない子にも、気が散るタイプの子にも、指導者が読み上げる声より、絵の中の人物が発する声のほうが集中できます。音声ペンを使わない場合は指導者が巧みに声色を使い分け、登場人物のせりふを読み上げてください。

1 番重要なせりふについては、あえて吹き出しを空白にしました。2 通りの反応を見比べて、そこにどんな言葉があれば良いのかを考えます。分からない場合は、吹き出し部分を音声ペンでタッチしたり、指導者が声色で読み上げるなどして、せりふに注目させます。

音声ペンには、専用の自作用シールを使って、子ども自身の声で、独自のせりふを吹き込む機能がついています。

絵カードは、ソーシャルスキルトレーニングの中の、教示の役割を担うためのものですが、この使い方をすることで、モデリングやリハーサルの準備も可能になりました。

アクトボイスペン（音声ペン）について

再生　吹き出し部分を音声ペンでタッチすると音声が再生されます。

いいよ どうぞ
いれて　ケーキ たべていい?

録音　専用の自作用シールに、独自のせりふを吹き込むことができます。

いっしょに あそんでいい?
自作用シールに録音
いいよ
いっしょに あそんでいい?

ソーシャルスキルトレーニング（SST）絵カードの基本的な使い方

（1）対象は？

・ASD（自閉スペクトラム症）

活用の機会は１番多いです。小学校の中～高学年になれば、質問に対する答えは一見、適切に見えても、理解が不十分なまま覚えた答えを口にしているだけの場合もあります。SST 絵カードを使ったやりとりの中で、誤解や勘違いをしている部分を見極め、その誤解を解いたり、本来的な意味を説明したりすることが大切です。質問は少なくし、絵と文を使って説明する姿勢に徹するようにします。

・社会的コミュニケーション症

言語能力はあるように見えますが、会話の中でその言語能力が活用できていません。相手の視点や立場に立っての会話が困難、つまり対人的課題が大きいというところに注意が必要です。状況の認知、理解力の傾向を掴みながら、絵カードの対人場面に照準を合わせて指導を進めるようにします。

・言語症

場面状況の説明の仕方や、場に応じた適切な言語表現を学ぶために使用します。状況は分かっていても、語彙、構文、話法などの習得と使用に、絵は強力な味方になります。

・ADHD（注意欠如・多動症）

どの程度の状況認知、対人社会認知ができているのかを、掴むために使うことができます。それらの課題が大きくはない子もいるので、必要がないと判断したらその時点で終了します。不注意傾向の強い子は、日常生活でも大事な情報を見落としていることが多いので、SST絵カードの中の細かな情報に注目させるという使い方も有効です。

（2）使用する絵カードの選び方は？

普段のエピソードが掴めている子には、SST 絵カードから、それに似たような場面を選んで優先的に指導することができます。

集中的、継続的にソーシャルスキルトレーニングに取り組むことが可能な子には、各種開発されている“ソーシャルスキル尺度”を使って状態を把握した上で、指導計画に基づき適切な場面の絵カードを選択し、指導を進めていくことをお勧めします。（巻末に場面分類を載せていますので、参考にしてください）

（3）絵カード使用時に気を付けることは？

忘れてはならないのは「スキルの獲得はその子自身がより生きやすくなるため」だということです。決して「親や教師が子どもを思惑や指示通りに動かすため」ではありません。

目指すのは、こういうときにはこうするというマニュアルの会得ではなく、その時々の状況や対人社会場面を認知理解し、自ら判断し行動に移す力の獲得です。

SST 絵カードは、言語的教示のツールです。

絵を使って「この場面にはこんな意味があり、この人にはこんな意図があるかもしれない」と説明します。そして「こんな常識や社会のルールや不文律がある」とその存在を紹介します。判断や行動についても「こういう考え方や方法もある」と提案をするのです。

その他、その子がストレスなく SST 絵カードに目を向け、耳を傾けることができるように、下記のことにも気を付けてください。

・「だめ、悪い」など否定的な表現は避け「こうすれば良い」と肯定的表現をする。
・過去の傷つき体験と結び付かないように、絵カードの人物を「わたし」や「あなた」ではなく「この子」と三人称で呼ぶ。

・今後の場面展開に関しては、断定的な表現は避け「～かもしれない」という表現を使用する。
・対象年齢以上の子への指導では「この場面は、園児や児童に説明するにはどう言えば良い？」と聞くなどプライドに配慮する。

（4）特設のソーシャルスキルトレーニングと日常生活での般化

子どもたち本人が情報を取捨選択し、その情報を関連付け、自ら対処する方法を見つけ出していくことこそが、ソーシャルスキルを身につける本来的な道筋だということには誰しも異論はないと思います。

私たちがソーシャルスキルトレーニングの対象としているのは、その本来的な道筋を通ってソーシャルスキルを身につけるのが難しいとされてきた子です。自然に身につけることが難しいからこそ、ソーシャルスキルを学ぶ場を特設する必要があるのだと考えます。まずは、絵カードの中の疑似的世界、社会を知ることから始めるのです。

繰り返しますが、この絵カードを使った指導だけで、般化までできるわけではありません。

著者の経験した例では、自転車で転んだ幼児のそばを知らん顔で通り過ぎる小学生のSST絵カードで、“他に誰もいない場面で、困っている子が居たら、知らない顔をせずに助ける”ことの教示の後に「泣いている子をおんぶしてマンションの階段を上っていたのでびっくりした」と、母親から報告を受けたことがあります。

その時は、たまたまそれは微笑ましいエピソードで済んだのですが、本来は、おんぶした子との普段の関係や、その場に誰がいたかなどの場の状況の違いで、対処の仕方も変わってきます。

モデリング、リハーサル、フィードバックを通して、細かな配慮をした指導は、やはり不可欠ということです。

編著者　　ことばと発達の学習室M

目 次

各指導例の発言の冒頭の文字の『Ｔ』は先生（Teacher)、『Ｃ』は子ども（Child)、🔊は音声ペンの音声を示しています。

また、各指導ポイントにおける『登場児』は絵カードに登場する子どもを、『被指導児』は各指導例で絵カードによる指導を受ける子ども（C）を示しています。

1

連続絵カード

幼年版４

対人理解①（言動と反応の対比）

アクトボイスペン対応
ソーシャルスキルトレーニング絵カード―連続絵カード
SST絵カード―幼年版４
幼年版４　対人理解①（言動と反応の対比）
はなを
ふまないで
いやだね
①こんなとき
②こうするよりは
③こうしてみては？
編・著／ことばと発達の学習室M　発行／エスコアール

1　遊んでいる友達の輪に加わりたいときは「いれて」と声をかける。

1　こんなとき

2　こうするよりは

3　こうしてみては？

（１枚目を提示）

Ｔ：ここは砂場。何を作っている？

Ｃ：お城。

Ｔ：丸いケーキのようなお城だね。女の子たち、嬉しそう。真ん中の子も嬉しそう？

Ｃ：ううん。

Ｔ：真ん中の子は何をしている？

Ｃ：見ている。

Ｔ：そうだね、お城を見ているね。

（２枚目を提示）

T：真ん中の子、何をした？

C：ギューッとした。

T：砂をギューッとしたね。女の子はどんな顔？

C：嫌。

T：「やめて！」何をやめてほしい？

C：砂をギューッするの。

T：ギューッとしたらお城が壊れる？

C：そう。

（３枚目を提示）

T：こっちでは、女の子　「いいよ　どうぞ」男の子は何と言った？

C：ギューッしない。

T：ギューッしないで、遊ぼうと言ったのかな？　聴いてみよう。
「いれて　ケーキ　たべていい？」だって。

C：ケーキ？

T：お城のケーキだったんだ。この棒はろうそくかな？

C：ろうそく？　ろうそく３本！

T：本当だ。女の子がもう１本。全部で４本。４歳のお誕生日かな？

C：一緒！

Point

ケーキがお城に見えたのなら、この指導例のように最後までそれを活かしてあげたいですね。

2　「いれて」と言ってきた友達には、すぐに「いいよ」「まって」などの返事をする。

1　こんなとき

2　こうするよりは

3　こうしてみては？

（１枚目を提示）

Ｔ：（指差して）この子が１人で遊んでいたら女の子がやってきたよ。一緒に遊びたい。何と言う？

Ｃ：あそぼ。

Ｔ：うん、この子は　「いれて」これでもいい？

Ｃ：いいよ。

（２枚目を提示）

Ｔ：「いれて」って言った女の子、立ったまま。どうして？

Ｃ：入れてくれないから。

Ｔ：男の子、返事をしないね。

C：うん。

T：男の子、どうしたらいいの？

C：いいよって返事する。

T：うん、返事をしてほしいね。

（3枚目を提示）

T：こっちでは、女の子は笑顔。男の子は何と言った？

C：いいよ。

T：「いいよ」そう返事をしたね。もし一緒に遊びたくなかったら、何と答える？

C：嫌って言っていいの？

T：いいよ。トンネルができるまで待ってとか、理由を言えばいいよね。

C：……うん、そうだね。

Point

被指導児は、嫌と言ってはいけないと思っているようです。相手が嫌な気持ちにならない断り方もあることも伝えたいです。

3　ぶつかったときなどには、怪我がないか確かめ合い、次には気を付けるようにする。

1　こんなとき

2　こうするよりは

おまえがわるい！

3　こうしてみては？

ぼくもごめん
きをつけるね

（１枚目を提示）

Ｔ：何があった？

Ｃ：ゴツンした。

Ｔ：うん、ゴツンとぶつかって転んだんだね。

（２枚目を提示）

Ｔ：「おまえがわるい！」そうなの？

Ｃ：？

Ｔ：どっちがぶつかったのかは分からない。でも、痛いのは２人とも同じだね。

Ｃ：うん。この子、痛い顔。

（3枚目を提示）

T：こっちでは、２人とも怒っていない。何を言った？

C：痛いね。

T：「いたかった？　ごめんね」どちらが悪いというのではなく、ぶつかって痛かったよね、ごめんねと言っているね。

C：そう。

T：「ぼくもごめん　きをつけるね」相手の子も謝っているよ。

C：うん、２人とも。

T：前を見ていなかったか、急に止まれなかったか。どちらも気を付けないとね。

C：そうだね。

Point

自分のことしか分からない、相手のことが見えない時期には、このように双方とも相手が悪いと思ってしまいがちです。

4　自分のためにしてくれたことに「ありがとう」とお礼を言う。

1　こんなとき

2　こうするよりは

3　こうしてみては？

（１枚目を提示）

T：何をしている？

C：机を拭いている。

T：お茶がこぼれたね。誰のコップ？

C：男の子。

T：女の子が拭いているね。どうして？

C：拭いてあげている。

（２枚目を提示）

T：拭いたあとだね。男の子、コップを見ている。女の子は何をしている？

C：男の子を見ている。

T：どうしてだと思う？

C：分からない。

T：女の子、男の子に何か言ってほしいのでは？

C：そうかな？

（3枚目を提示）

T：こっちでは、女の子はニコニコ。男の子が何か言ったね、何？

C：ありがとう。

T：🔊「ありがとう」 🔊「いいよ」何にありがとう？

C：拭いてくれて、ありがとう。

T：男の子は、お茶をこぼした。自分ではすぐに拭けなかった。女の子が拭いてくれた。だからありがとうだね？

C：そうだね。

Point

友達の世話をするのが嬉しい。「ありがとう」と言ってもらうのも嬉しい。女の子も、コミュニケーションを楽しみたいのです。

5　友達が使っている物を使いたいときは「かして」と言う。

1　こんなとき

2　こうするよりは

これ よこせ！
かえしてー！

3　こうしてみては？

どうぞ

（１枚目を提示）

T：（右の子を指差して）この子は何をしている？

C：立っている。

T：（左の子を指差して）この子は何かを作っているよ、何？

C：（型抜きを指差して）これ。

T：うん、砂で何かを作っているのかな。

C：ここ砂場？

T：そうだね。

（2枚目を提示）

T：「これ　よこせ！」無理やり取ってしまったね。何を？

C：車？

T：砂で車を作っていたんだね。どうして取ったの？

C：欲しかった。

T：「かえして！」（左の子を指差して）この子はまだ作っていたんだね。

C：うん。

（3枚目を提示）

T：こっちでは、無理やり取っていない。貸してもらおうとしている。
何と言う？

C：貸して。

T：「これ　かして」「どうぞ」言ったら貸してもらえたね。

C：貸してもらえるの？

T：あとでねって言われることもあるけどね。

C：うん。

Point

言葉の育ちの弱い子には、絵を指差して「この子」と言うほうが理解しやすいです。

6　「かして」と言っても、すぐには貸してもらえないときは「あとで　かしてね」と言ってみる。

1　こんなとき

じょうろ
かして
だめ

2　こうするよりは

けち！
いたい！

3　こうしてみては？

いいよ
もうすぐ
おわるからね

（１枚目を提示）

T：（Tによる声色、または音声ペンを男の子の吹き出しに当てて）

🔊「じょうろ　かして」貸してもらえる？

C：だめって。

T：（Tによる声色、または音声ペンを女の子の吹き出しに当てて）

🔊「だめ」本当だ。どうして貸してくれないの？

C：まだ使う。

T：そうだね、まだ使っているね。

C：うん。

（２枚目を提示）

Ｔ：（Ｔによる声色、または音声ペンを男の子の吹き出しに当てて）

「けち！」押したみたい。貸してあげないのはけち？

Ｃ：ううん。

Ｔ：（男の子を指差して）この子も使いたい。でも（女の子を指差して）この子もまだ使いたいよね。

Ｃ：次は（男の子を指差して）この子の番。

Ｔ：押したのはどう？

Ｃ：貸してくれないから。

Ｔ：（Ｔによる声色、または音声ペンを女の子の吹き出しに当てて）

「いたい！」って。

Ｃ：……。

（３枚目を提示）

Ｔ：こっちではどう？　さっきはだめって言われた。でももう１度、何か言っているよ。

Ｃ：貸して。

Ｔ：（Ｔによる声色、または音声ペンを男の子の吹き出しに当てて）

「じゃあ　あとでならいい？」何の後？

Ｃ：（女の子を指差して）この子の後。

Ｔ：（Ｔによる声色、または音声ペンを女の子の吹き出しに当てて）

「いいよ　もうすぐおわるからね」何が終わる？

Ｃ：お花に水をあげるの。

Ｔ：お花に水をあげたら貸してもらえるね。２人ともニコニコだね。

Ｃ：うん。

Point

このようにＴによる声色、または音声ペンを登場児の吹き出しに当てて、直接せりふを聞かせる方法も有効です。

7 「かして」と言われたとき、まだ使いたければ「あとで」と言い、あとで貸してあげる。

1　こんなとき

ほうちょうを
かして

2　こうするよりは

へんじを
してよ

3　こうしてみては？

うん
あとで
かして

（１枚目を提示）

Ｔ：何をしている？

Ｃ：男の子が何か貸してって言っている。

Ｔ：うん。女の子が人参を切っている。そばの男の子が　「ほうちょうを　かして」って言っているね。

Ｃ：これ包丁？

（２枚目を提示）

Ｔ：女の子、下を向いた。どうして？

Ｃ：包丁している。

T：うん、包丁で切っているね。男の子は 「へんじをしてよ」怒っている。女の子はどうして返事をしないのかな？

C：貸すのが嫌。

T：そうかもしれない。嫌なら、黙っている？

C：嫌って言う。

T：返事をしないと分からないね。

C：そう。

（３枚目を提示）

T：こっちでは、女の子は、返事をしているね。「あとで　おわったらね」今は貸せないけど、後でねって。

C：ふーん。

T：今は、女の子も人参を切っているものね。それが終わったらってことね。「あとで　おわったらね」「うん　あとでかして」

C：うん、後でね。

Point

機械的に言葉を追うだけではなく、「いや」「いいよ」「あとで」など場面や気持ちの確認をすることが大切です。

8　使っているものを無理やり取られたときには「かえして」と言う。

1　こんなとき

2　こうするよりは

3　こうしてみては？

（１枚目を提示）

T：何をしている？

C：キックスケーターで遊んでいる。

T：遊んでいる子のキックスケーターを他の子が引っぱって、乗ろうとしているところ。どっちが引っぱっている？

C：女の子。

T：うん、そうも見えるね。でも、女の子、何かびっくりしたような嫌そうな顔。

C：そう？

（2枚目を提示）

T：ああ、男の子のほうが女の子のキックスケーターを取り上げたね。
女の子はどうしている？

C：泣いている。

T：キックスケーターを取られて泣いているね。

C：泣いたらだめ！　返してって言うの！

T：この子、そう言えなかったんだね。

C：どうして？

T：どう言えば良いか分からなかったのかな。

（3枚目を提示）

T：こっちでは言っている。何と言う？

C：返して！

T：上手。大きな声ではっきりと言うんだね。「まだのるから　かえして！」この女の子も今度は、○○ちゃんみたいにはっきり言えたよ。男の子に聞こえたかな？

C：うん。こっちを向いている。

T：先生にも聞こえたみたい。こっちに歩いて来ているね。

C：うん。

Point

絵からだけでも、場面や登場児の気持ちを読み取ることは可能です。態度・表情にも着目するように促してみてください。

9　一緒に遊ぶときは、どのようにするか相手と相談する。

1　こんなとき

2　こうするよりは

ここ　あかに　しろよ！
かってに　きめないでよ

3　こうしてみては？

うん　そうしたら　かっこいいね

（１枚目を提示）

Ｔ：大型積み木で遊んでいるね。何を作っているんだと思う？

Ｃ：お家？

Ｔ：うん、大きなお家ができそう。

Ｃ：ここ屋根？

Ｔ：そうかな。まだまだ、積み木がいっぱい欲しいね。

（２枚目を提示）

Ｔ：🔊「ここ　あかにしろよ！」だって。

Ｃ：嫌だ！

T：この子も 「かってにきめないでよ」って怒っている。２人で作っているんだものね。

C：そうだよ。

T：でも、どうしてここは赤が良いと思ったのかな？

C：赤が好き。

T：うん、好きで、反対側とそろえたかった？　相手の子、それが分かったかな？

C：ううん。

（３枚目を提示）

T：こっちでは、怒っていない。何と言った？

C：ここ、赤にしたい。

T：良いね。この子は 「ここ　あかにしようよ」だって。

C：それでもいい。

T：「うん　そうしたらかっこいいね」相手の子も賛成してくれた。良かったね。

C：うん。

Point

「～しろよ」「～してきて」と命令言葉を使う子がいます。絵カードで場面を客観的に見て、その理不尽さに気付いてほしいと思います。

10　「ばか」など、相手を傷つける言葉は使わないで、どうしてほしかったかの気持ちを伝える。

1　こんなとき

2　こうするよりは

やめろ ばか！
ばかって いわれた

3　こうしてみては？

ごめんね

（１枚目を提示）

T：積み木が倒れたね。どうして？

C：女の子が走ったから？

T：うん、女の子が走ったから積み木が揺れて倒れたのかもしれない。男の子はどんな様子？

C：あわてている。

T：女の子は自分が走ったせいだと気が付いている？

C：ううん。積み木を見ていない。

（2枚目を提示）

T：「やめろ　ばか！」男の子は女の子のせいだと思っているから怒っているね。

C：うん。

T：女の子は、男の子がどうして怒っているか分かっている？

C：ううん。

T：うん。「ばかって　いわれた」男の子がどうして怒っているか知らない。だから、先生にそのままそう言っているね。

C：うん。

T：困ったね。

（3枚目を提示）

T：こっちでは　「ごめんね」あれ？　女の子、謝っているよ。男の子が女の子に何があったかを言ったのだろうね。

C：走ったから積み木が倒れたよって？

T：そうだね、それを言ってから　「きをつけてね」と言えば良いね。

C：うん。

T：「きをつけてね」「ごめんね」

C：良かった。

Point

相手は気付いていないのに突然に怒ってしまう子。よくある場面です。絵を見て一つひとつ確認をしてください。

11　何をするべきかを教えてもらったときは、相手の意図を確かめ、受け入れるべきことは受け入れる。

1　こんなとき

すわるんだよ

2　こうするよりは

うるさい！

3　こうしてみては？

うん
えほんの
じかんが
はじまるよ

（１枚目を提示）

Ｔ：女の子が男の子に　「すわるんだよ」と教えてあげている。椅子を並べているから、今から何かが始まりそう。

Ｃ：何？

Ｔ：何だろうね。

（２枚目を提示）

Ｔ：「うるさい！」あっ、教えてもらった子、女の子を蹴ってしまった。

Ｃ：注意されたと思ったんだ。蹴ったらだめ。

Ｔ：うん。

Ｃ：可哀そう。

（3枚目を提示）

T：こっちでは落ち着いて考えて、女の子が教えてくれたのだと分かったみたい。「ここにすわるの？」って。やっぱり何かが始まりそう。

C：朝の会？

T：聞いてみようか。「うん　えほんのじかんがはじまるよ」先生が絵本を読んでくれるんだね、楽しみ。

C：うん。

Point

SST では怒りそのものをコントロールする力を育てることは難しいですが、前段階の場面状況や対人認知について学ぶことは可能です。

12　してはいけないことを教えてもらったときは、相手の意見を聞き、受け入れるべきことは受け入れる。

1　こんなとき

そこは はいったら いけない ばしょだよ

2　こうするよりは

はなを ふまないで
いやだね

3　こうしてみては？

あっちにも いるよ

（１枚目を提示）

Ｔ：男の子、何をしている？

Ｃ：虫取り。

Ｔ：うん、ちょうちょう。女の子、何か言っている、何？

Ｃ：そこにいる。

Ｔ：虫を指差しているからそうも見えるね。男の子、何か踏んでいる、何？

Ｃ：花。

Ｔ：そう。女の子は　「そこは　はいったらいけない　ばしょだよ」と教えているみたい。

Ｃ：そうか。

（２枚目を提示）

Ｔ：男の子は　「いやだね！」ちょうちょうを追いかけている。花は見ていないね。

Ｃ：ちょうちょう、逃げる。

Ｔ：本当だ。女の子、今度は　「はなをふまないで」男の子、花に気付いた？

Ｃ：ううん。

（３枚目を提示）

Ｔ：こっちでは、男の子　「わかった　むしをさがしているんだけど？」何が分かった？

Ｃ：入るの、だめ。

Ｔ：最初、女の子が言っていたね。女の子は今度は　「あっちにもいるよ」えっ、何が？

Ｃ：ちょうちょう。

Ｔ：花を踏まないようにして、２人で、ちょうちょうを追いかけるんだね。

Ｃ：うん。

Point

「女の子、何か言っている？　何？」「男の子、何かを踏んでいる、何？」聞き取りやすいように助詞を省いたり、語尾や文を省略したりした質問を多用しています。

13　大事なものに触られたくないときは、その理由とどうしてほしいかを相手にわかるように伝える。

1　こんなとき

2　こうするよりは

3　こうしてみては？

（１枚目を提示）

T：男の子が小屋に物を運んで来ているところだね。何がある？

C：これ、椅子とテーブル。お皿とコップ。

T：そばに立っている子は、どんな顔？

C：ワアッて。

T：何が始まるのかな、私も入れてって言いたそうだね。

C：そう。

（２枚目を提示）

T：「くるな！　じゃま！」ええっ、どうして？

C：意地悪。

T：本当にどうしてかな？　女の子、さっきと違う顔だね。

C：エエッて。

T：さっきは、ワアッて顔で、今はエエッて顔なんだね。

C：へへッ。

T：この男の子、ここを独り占めするつもりかな。

C：だめっ！

（3枚目を提示）

T：こっちでは、ニコニコ顔。男の子、何と言っている？

C：入っていいよ。

T：「もうすぐかいてんするから　まっていて」まだ入らないで待っていてって。

C：うん。

T：見ていた女の子、どんな顔？

C：ウヘッ。

T：上手い！　やったーって顔だね。

Point

当意即妙な返答です。こんな言葉遊びが大好きな子もいます。是非、指導者も一緒にSSTを楽しんでください。

14　大事なものを壊されたくないときは、その理由とどうしてほしいかを相手にわかるように伝える。

1　こんなとき

2　こうするよりは

さわるな！あっちにいけ！
みているだけだよ

3　こうしてみては？

うんあとでやらせて

（１枚目を提示）

T：何をしている？

C：並べている。

T：これ、最後に一斉に倒すんだよね。それまでは倒れないように真剣な顔だね。

C：うん。

（２枚目を提示）

T：「さわるな！　あっちにいけ！」どうしてこんなことを言うの？

C：当たったら、倒れるから。

T：真剣な顔だったものね。その気持ちも分かるね。でも、相手の子も「みている　だけだよ」だって。

C：でも、当たったら倒れる。

T：あっちに行かないと、だめ？

C：だめ。

（3枚目を提示）

T：こっちでは「たおれないように　はなれてみていて」って。その言い方のほうが良いと思わない？

C：う～ん、まあ。

T：「うん　あとでやらせて」この子もやってみたかったんだよ。

C：うん。

Point

登場人物はいつも自分ではない「この子」「この男の子」「この女の子」という設定です。言動を客観的に見ることで、歪みの少ない認知判断が可能になるからです。

15　片付けのときなど、自分にとって大事なルールがあるのなら、それを相手に伝えてみる。

1　こんなとき

2　こうするよりは

それ
やりかたが
ちがう！

3　こうしてみては？

そうだね

（１枚目を提示）

T：何をしている？

C：おもちゃのお片付け。

T：そうだね。おままごとをしていたのかな。女の子は何を集めている？

C：お皿とかボール。

T：色は？

C：あ、同じだ、赤色。

T：男の子は？

C：コップばっかり。

T：同じ形のコップだね。色は？

C：赤と青と黄色と……緑。

（２枚目を提示）

T：「それ　やりかたがちがう！」えっ、何が違うの？

C：分からない。

T：女の子の片付け方と違ったんだろうね。女の子は同じ色を集めたね、何色？

C：赤。

T：男の子は色ではなく同じ形のコップ。

C：同じ形？

T：うん。同じ色を集めたのと、同じ形を集めたので、やり方が違うってことかな。

C：どうして違うとだめ？

T：どうしてだろうね。

（３枚目を提示）

T：こっちでは　「いろをそろえてかたづけると　きれいだよ」女の子は色をそろえるときれいだと思っているんだ。

C：ふうん。

T：男の子は　「そうだね」って言っている。あれ？　この男の子のそろえ方、さっきと違っている。見て！

C：うん、違う。

T：何が違う？

C：同じ色。虹みたい。

T：この子にはこの子のやり方があるんだね。

C：うん。

Point

自分が良いと思う方法を、人にも強いてしまう子がいます。違う方法やその良さを知り、尊重することも学んでほしいと思います。

2

連続絵カード

幼年版５

対人理解②
（言動と反応の対比）

アクトボイスペン対応
ソーシャルスキルトレーニング絵カード―連続絵カード
SST絵カード―幼年版５
幼年版５　対人理解②（言動と反応の対比）
あれとれよ
そんないいかたではなく
どういえばいい？
①こんなとき
②こうするよりは
③こうしてみては？
編・著／ことばと発達の学習室Ｍ　発行／エスコアール

1　一緒に遊びたいときは、後ろから服や髪を引っぱったりするのではなく、その気持ちをそのまま伝える。

1　こんなとき

2　こうするよりは

いたい
やめて

3　こうしてみては？

うん
いいよ

（1枚目を提示）

T：何をしている？

C：ねえねえ。

T：どうしてほしいの？

C：こっち向いて。遊ぼう。

T：服を引っぱっただけで分かる？

C：だって、遊びたいから。

T：うん、男の子はそうだね。でもそれ、女の子には分からないよ。

C：どうして？

（2枚目を提示）

T：「いたい　やめて」今度は髪を引っぱった。

C：うん。

T：どうして髪を引っぱったの？

C：遊びたいのに遊んでくれない。意地悪。

T：男の子は、そう思っているんだね。

C：そう。

T：女の子も、髪を引っぱる意地悪な男の子って思っているかもしれないよ。

C：違う！　意地悪なのは女の子！

（3枚目を提示）

T：こっちでは引っぱらないで　「いっしょに　あそぼう」って言ったね。 これなら女の子にも分かるよ。

C：本当？

T：「うん　いいよ」ほらね。

C：うん。

Point

こっち向いて、遊ぼうなどの気持ちを、このような態度で示してしまう子もいます。自分が思うだけではなく、それを相手に分かるように伝えることの必要性に気付いてほしいです。

2　手伝ってほしいときには、命令ではなく、誘ったり頼んだりするようにして気持ちを伝える。

1　こんなとき

2　こうするよりは

みずをくんでこい！
いやだ
めいれいしないで

3　こうしてみては？

いけをつくるの？
いいよ
くんでくるから
まっていて

（1枚目を提示）

T：何をしている？

C：穴。

T：スコップで穴を掘っているね。

C：穴を掘っている。

T：そばで、何だろうなと思って見ている子もいるね。

C：見ている。

（2枚目を提示）

T：🔊「みずをくんでこい！」この子、汲みに行く？

C：嫌。

T：嫌だね。怒っているね。

C：怒っている。

T：「いやだ　めいれいしないで」

C：うん。

T：どうして嫌？

C：命令した。

T：命令が嫌なんだ。ていねいに頼んだら汲んで来てくれる？

C：くれる。

（3枚目を提示）

T：こっちでは、頼んでいるよ。「いっしょに　おおきないけをつくろう　みずをくんできてくれる？」

C：池？　汲んで来てくれる。

T：「いけをつくるの？　いいよ　くんでくるから　まっていて」汲んで来てくれそうだね。何だろうとずっと見ていたものね。

C：うん、見ていた。

Point

復唱で自分の考えや気持ちを表現しています。逆に言えば、予め指導者がそれを察して言葉にしてあげることもできます。

3　遊ぶときは、一方的に嫌な役を押し付けるのではなく、相手と相談して決める。

1　こんなとき

2　こうするよりは

ヒーローごっこをするぞ
おまえが わるもののやく
いやだ そんなのしない

3　こうしてみては？

ぼくも
じゃあ こうたいで しよう

（１枚目を提示）

T：赤い服の子、何をしている？

C：踊っている？

T：何かのポーズだね、戦いごっこ？

C：うん。

（２枚目を提示）

T：🔊「ヒーローごっこをするぞ　おまえが　わるもののやく」だって。

C：嫌だよ、勝手に決めないで！

T：うん。🔊「いやだ　そんなのしない」そう言っているね。

C：そうだよ。

（３枚目を提示）

T：こっちでは、相手の子、嫌だって言っていないよ。笑っている。

C：うん。

T：「ヒーローごっこをしよう　ぼくがヒーローをやりたい」ヒーローをやりたいって言っているよ。相手の子も　「ぼくも　じゃあ　こうたいでしよう」２人ともヒーロー役が良いんだね。

C：そうだよ。

T：交代ならいい？

C：うん、交代ならいいよ。

Point

まだまだ自分中心。他の子の気持ちを汲み取ることは至難の業ですが、複数の登場児を客観的に見ると一方の子の理不尽さに気付きます。

4 「かして」と言われても、貸したくないときは、相手が嫌な気持ちにならないような言い方で断る。

1　こんなとき

それ
かして

2　こうするよりは

いやだ
おまえなんか
にはかさない

3　こうしてみては？

うん
わかった

（1枚目を提示）

T：何をしている？

C：クルクルしている。

T：何かをクルクル混ぜているね。女の子　「それかして」自分も混ぜたくなったのかな。

C：うん。

（2枚目を提示）

T：「いやだ　おまえなんかにはかさない」

C：意地悪している。

T：女の子、ショボンとしているね。

C：シャボン？
T：ショボンって、貸してくれない、悲しいって顔。
C：うん、ショボン。

（3枚目を提示）
T：こっちでは　「もうすこしつかいたいから　あとでね」この男の子、もっと使いたかったんだね。
C：そうなの？
T：こう言えば、分かってもらえるかな？
C：うん。
T：「うん　わかった」良かった。
C：早く代わって。
T：自分でもやってみたい？
C：うん。

Point

「いやだ　おまえなんかにはかさない」この「おまえなんかには」は、相手を強く傷つける言葉ですが、あまり意識せず決まり文句のように使っている子もいます。

5　自分は持っていなくて、誰かに借りるしかないときは、事情を伝えて頼んでみる。

1　こんなとき

2　こうするよりは

3　こうしてみては？

うん いいよ
わたしもあおがなくなったらかしてね

（1枚目を提示）

T：何をしている？

C：お絵描き。

T：右の子のクレヨン、短いね。赤をいっぱい使ったんだね。

C：赤いバスを描いた。

T：左の子は何を描いている？

C：お魚と水。

T：魚が水の中で泳いでいるね。

C：そう。

（2枚目を提示）

T：あれ？　何をしている？

C：クレヨンを持っている。

T：どうして？

C：貸してもらうの。

T：どうして貸してもらうの？

C：赤のクレヨンが欲しいから。

T：うん、赤のクレヨンが短くなったものね。これ、貸してって言っている？

C：言ってないの？

T：そうみたい。隣の子、びっくりした顔だから。

C：どうして言わないの？

（3枚目を提示）

T：こっちでは、言っているね。「あかが　なくなったの　かして！」

C：うん。

T：「うん　いいよ　わたしもあおが　なくなったら　かしてね」

C：いいよ。ねぇ、いいよね？

Point

以前も借りたから黙って借りても大丈夫、と思ってしまう子もいます。ていねいに確認したい場面です。

6 「おまえのおかあさん、おばあちゃんみたい」など、相手が嫌な気持ちになるような言葉は口に出さない。

1 こんなとき

2 こうするよりは

おまえの
おかあさん
おばあちゃん
みたい
ちがう
そんなこと
いわないで!

3 こうしてみては?

おかあ
さーん

(1枚目を提示)

T:お迎えの時間だね。

C:うん。

T:ねえ、お迎えのときは、お家の人とどんなお話をする?

C:今日のおやつは何って。

(2枚目を提示)

T:後ろにいた男の子が 「おまえのおかあさん おばあちゃんみたい」って言った。

C:この人、お母さん?

T：いろいろなお母さんがいるね。お姉さんみたいなお母さんもいるし、このお母さんのような感じのお母さんもいるよね。

C：うん、うちのお母さん、可愛いよ。

T：女の子　「ちがう　そんなこといわないで！」言い返せているよ。どんな気持ちで言ったのかな。

C：ちがう、お婆ちゃんじゃない！　私のお母さん！　そんなことを言うのはやめて！

T：偉いね、この子。お母さんが大好きなんだね。

C：私も。

（３枚目を提示）

T：こっちでは　「おかあさーん」抱きついている。お母さんのほうも、ニコニコしているね。他のお母さんも、お迎えに来た。

C：男の子のお母さん、どの人？

T：どの人だろうね。「いろいろなおかあさんが　いるんだな」そう思って黙って見ているね。いろいろなお母さん。お迎えがお父さんや、お婆ちゃんやお爺ちゃんのときもあるよね。

C：うん。

Point

登場児は思ったことをすぐに口に出してしまう子です。女の子の毅然とした態度にも注目をさせてください。

7 「あのこのこときらいだよね」など、同意を求められても、安易に頷かない。

1　こんなとき

あのこのこときらいだよね

2　こうするよりは

あのこすぐなくよね
うん

3　こうしてみては？

（1枚目を提示）

T：２人で何かを話している。「あのこのこと　きらいだよね」

C：悪口？

T：右の子は、どう思っているのかな？

C：分からない。

（2枚目を提示）

T：右の子　「うん」って言ってしまったね。さっきの子、今度は「あのこ　すぐなくよね」って言い出した。

C：うん。

T：どんどん、悪口がひどくなっていきそう。

C：どうしたらいいの？

T：うんと言ってしまったのが良くなかったのかな。

C：そうなの？

（３枚目を提示）

T：こっちでは　「ううん　わたしも　きらいっていわれたくないから　いわない」だって。

C：ふうん。

T：これも１つの答え方。１度、うんと言ったら、次も悪口を聞くことになる。最初にはっきりと言わないとね。

C：そうなの？

T：「ううん　わたしも　きらいっていわれたくないから　いわない」相手の子も、言わないほうが良かったという顔だね。

C：本当だ。

Point

仲良くしたいという理由で、嫌なことも受け入れてしまう子がいます。嫌なことは断ってよいと伝えたいです。

8　可愛いリボンなど気になる物をみつけても、むやみに引っぱったり取ったりしない。

1　こんなとき

2　こうするよりは

とった！

3　こうしてみては？

うん
おばあちゃんに
かってもらったの

（1枚目を提示）

T：この子、もう1人の子の髪の毛を見ているね。

C：うん。

T：どう思って見ているのかな？

C：リボンが可愛い。

T：そんな顔だね。

（2枚目を提示）

T：引っぱって取ってしまった。

C：欲しかったんだね。でも、取ったらだめだよ。

T：取られた子　「とった！」泣いている。

C：可哀そう。

（３枚目を提示）

T：こっちでは、取らないで何か言っている。何？

C：これ、可愛いね。

T：「これ　かわいい　さわってみていい？」

C：触っている。

T：指で、少しだけ触っているね。「うん　おばあちゃんにかってもらったの」大切なリボンなんだね。

C：そうだね。

Point

被指導児は「欲しかったんだね。でも、取ったらだめだよ」と諭す一方、泣いている子には「可哀そう」という公平な感想を持てています。

9　リレーなどで負けても、人を責めるのではなく、自分はどうするかという考えを話す。

2　こうするよりは

ばーか
おまえが ころぶから まけた
もう やめる

1　こんなとき

3　こうしてみては？

うん わたしも

（１枚目を提示）

Ｔ：かけっこのゴールだね。これどうなったの？

Ｃ：ゴールで転んだ。

Ｔ：転んだ子、悔しいね。

Ｃ：嬉しそう。

Ｔ：嬉しそう？

Ｃ：うん、この子。

Ｔ：追い抜いた子？

Ｃ：そう。

（２枚目を提示）

Ｔ：「ばーか　おまえがころぶから　まけた」この子、同じチームの子だね。

Ｃ：うん。

Ｔ：転んだ子、チームの子にそう言われたら、悔しいだけではなく悲しいのでは？

Ｃ：勝ったチーム、嬉しそう。ほらここ見て。

Ｔ：本当だ。でも転んだ子のほうは　「もうやめる」って。

Ｃ：転ぶからだよ。

Ｔ：転んだ子、もうやめたいほど悔しくて、悲しいんだね。

Ｃ：転ばなかったら、勝ったのに。

（３枚目を提示）

Ｔ：こっちでは、転んだ子に　「ざんねん　つぎは　ぼくも　もっともっとがんばるよ」と言ってあげている。転んだ子も笑顔だね。

「うん　わたしも」

Ｃ：えっ、どうして？

Ｔ：どうしてだろう。転んで負けた後　「ざんねん　つぎは　ぼくももっともっとがんばるよ」と言ってもらって、もっと頑張ろうと思った。そういうことだね。

Ｃ：そうなの？？？

Ｔ：「ばーか」と「ざんねん」どっちが嬉しい？

Ｃ：「ばーか」は嫌だ。

Point

「ざんねん　つぎは　ぼくも　もっともっとがんばるよ」と言える子は多くはないです。でも、そう言ってもらうと気持ちが楽になると感じる子は多いと思います。

10　友達がつかまえた虫を、無理やり取ろうとするのではなく、見せてほしい気持ちを伝える。

1　こんなとき

2　こうするよりは

3　こうしてみては？

うんいいよ
いっしょにみよう

（1枚目を提示）

T：オオカマキリだね。右の子、触りたそう。

C：大きいね。おもちゃ？

T：そう見えるぐらい大きいね。

C：動くの？

T：生きているからね。

C：怖くない？

T：この２人は、怖くないみたい。

（２枚目を提示）

Ｔ：えっ、これ、どうした？

Ｃ：オオカマキリが逃げた。

Ｔ：右の子は相手の手を押さえている。相手の子は転んだみたい。無理やり、カマキリを奪い取ろうとしたのかな？

Ｃ：早く、捕まえないと。

Ｔ：このままだと、逃げてしまうね。

Ｃ：早く、早く！

（３枚目を提示）

Ｔ：こっちでは、２人ともニコニコ。「つよそうなオオカマキリだね　ぼくにもみせて」見せてもらおうと頼んでいる。

Ｃ：うん。

Ｔ：「うん　いいよ　いっしょに　みよう」これなら安心。

Ｃ：良かった。嬉しいね。

Point

言葉より先に手が出てしまう子は、少なからずいます。まずは見たい気持ちを相手に伝えるのが大事、ということを知ってほしいです。

11　相手が自分の持っている物を見たそうにしているときは、つきとばすのではなく、一緒に見ようと提案する。

1　こんなとき

2　こうするよりは

いたい！
やめろよ

3　こうしてみては？

うん
さっきはひっぱってごめんね

（1枚目を提示）

T：何か持っているよ。これ……。

C：何だっけ。……松ぼっくり？

T：そう、よく知っているね。

C：うん。

T：大事そうに抱えている。左の子も欲しいのかな。

C：うん。服を引っぱっている。

（２枚目を提示）

T：「やめろよ」

C：服を引っぱったから、怒ったんだ。

T：どうして服を引っぱったんだっけ？

C：欲しいから。

T：「やめろよ」　「いたい！」このまま喧嘩だね。

C：あ～あ。

（３枚目を提示）

T：こっちでは、右の子から声掛けしているよ。何と言っていると思う？

C：引っぱらないで。松ぼっくり、見たい？

T：良いね。「いっしょに　まつぼっくりで　あそぶ？」ちゃんと、相手のことを分かっているんだ。「うん　さっきは　ひっぱって　ごめんね」左の子も服を引っぱったことを謝っている。

C：うん。

Point

登場児は、相手の態度や行動からその気持ちを察して自分から声掛けができています。

12 「遊ぼう」と誘って断られたときは、相手の都合を考えて適切な返事をする。

1　こんなとき

いっしょに
あそぼう
ごめん
なわとびを
するから

2　こうするよりは

ぼくのさそいを
ことわるなんて
ゆるせない

3　こうしてみては？

こんどね

（１枚目を提示）

T：何をしている？

C：男の子が遊ぼうと言った。女の子はごめんって。

T：女の子は男の子と遊ぶのが嫌なの？

C：そう。

T：🔊「いっしょにあそぼう」　🔊「ごめん　なわとびをするから」一緒に遊ぶのが嫌なの？　それとも縄跳びをしたいだけ？

C：あっ、縄跳びをしたい。

（2枚目を提示）

T：🔊「ぼくのさそいを　ことわるなんて　ゆるせない」男の子は自分が誘ったから断ったと思ってしまったみたい。

C：うん。縄跳びをしたいって言ったのに。聞かないで怒っている。

T：女の子は？

C：なんか、怖いって。

T：うん、怖がっているし、困っているようにも見える。

（3枚目を提示）

T：こっちでは、男の子は　🔊「なわとび？　じゃあ　またこんどジャングルジムであそぼうね」って言っている。女の子が言ったことを聞いているね。

C：うん。

T：🔊「こんどね」２人とも笑顔だね。

C：うん、良かったね。

Point

男の子は、女の子の言葉の一部分だけ聞いて早合点をして怒ってしまっているのです。そのことに気付いてほしいと思います。

13 名札付けなど、頑張ってもひとりでできないことがあるときには、手伝ってもらうなどの方法を考える。

1 こんなとき

2 こうするよりは

もういやだ

3 こうしてみては？

いいよ
ぼくも れんしゅう して
できるように なったんだ

（1枚目を提示）

T：何をしている？

C：名札を引っぱっている。

T：うん、何か焦っているね。

C：焦る？

T：うまくできなくて慌てているってことね。

（2枚目を提示）

T：🔊「もういやだ」名札を付けようとしていたんだね。

C：どうして泣いているの？

T：頑張っても、うまくできないからかな。

C：ふうん。

T：隣の子、見ているね。

C：うん。

（3枚目を提示）

T：こっちでは　🔊「てつだって」隣の子に頼んだよ。🔊「いいよ　ぼくも　れんしゅうして　できるようになったんだ」何の練習？

C：名札を付ける練習。

T：隣の子も練習をしてできるようになったんだね。だから、この子のことをずっと見ていたんだ。

C：そうだね。

Point

そばで見ている子は、自分にも同じ経験があるからこそ、相手の気持ちが分かるのです。

14　先生には「あれ　とれよ」ではなく「あれをとってください」とていねいな言葉でお願いをする。

1　こんなとき

2　こうするよりは

あれ
とれよ
そんな
いいかたでは
なく
どう
いえば
いい？

3　こうしてみては？

（1枚目を提示）

T：男の子、何をしたいのかな？

C：積み木をしたい。

T：うん、積み木を取りたいのかな。

C：どうして、高い所に置いているの？

T：どうしてだろう。今は使っていないのかな。

C：そうなの？

（2枚目を提示）

T：🔊「あれ　とれよ」誰に言った？

C：先生？

T：うん、高い所にあるから腹が立ったのか、命令みたいな言い方だね。

C：うん。命令みたい。

T：先生は　「そんないいかたではなく　どういえばいい？」って、言っている。

C：うん。取れよは、だめだよ。

（3枚目を提示）

T：こっちでは　「あれをとってください」命令ではなく頼む言い方だね。

C：うん。

T：大人でも子どもでも、命令のような言い方は嫌だよね。してくださいではなくて、してほしいでもいいかな。

C：うん。僕はそう言うよ。

Point

２枚目の先生の答え方も適切とは言えません。どう答えたら良いと思いますか？

例えば、「いいよ。ごめん、高くて取れないよね」と謝ってから、「『とれよ』は、先生、悲しいな。『とってください』って言ってくれたら、ニコニコ先生に変身できるんだけどなあ」など、受け入れてくれそうな話し方を色々、考えてみてください。

15　そばにボールが転がって来たときには、持ち主がわかったら、その子に渡してあげる。

2　こうするよりは

それ
わたしのー！

1　こんなとき

3　こうしてみては？

それ
わたしの
ありがとう

（１枚目を提示）

Ｔ：男の子のそばにボールがある。転がって来た？

Ｃ：うん、きっと、この女の子のボールだよ。

Ｔ：そうかもしれないね。

Ｃ：そうだよ。

（２枚目を提示）

Ｔ：転がって来たボールを蹴ってしまったよ。女の子、何と言っている？

Ｃ：それ、返して！

Ｔ：うん。「それ　わたしの！」男の子、気付いているのかな？

C：気が付いていない。

T：周りを見ていないから、気付いていないかもしれないね。

（３枚目を提示）

T：こっちでは、周りを見ているよ。何か言っている。何だろう？

C：誰の？

T：「これ　だれの？」本当だ、そう言っている。

C：女の子が、私のって言っている。

T：「それ　わたしの　ありがとう」

C：男の子、まだよそ見。気付くかな？

T：大丈夫、気付くよ。

C：うん。

Point

落ちているボールを反射的に蹴ってしまう子。これもよくある場面です。周りをよく見て判断することが大切だと気付いてほしいです。

（２枚目を提示）

Ｔ：「おそとに　いきます！」外で遊びたいね。

Ｃ：雨だよ。

Ｔ：雨だと、どうしてお外で遊べないんだっけ？

Ｃ：濡れる。

Ｔ：濡れるよね。

Ｃ：濡れる。冷たいよ。行かないほうが良いよ。

Ｔ：そうだね。

（３枚目を提示）

Ｔ：こっちでは　「あめに　ぬれないように　おへやで　あそびます」そう思ってお外に行くのをやめたみたい。

Ｃ：うん。

Ｔ：先生も　「あめがやんだら　おそとにいけます」って。早く、雨がやむと良いね。

Ｃ：そうだよ。雨がやんだらお外で遊べるよ。

Point

外で遊びたい登場児に共感しながら、被指導児も自分の気持ちの整理をしています。

2　お医者さんの白衣が怖いときは、先生に助けを求める。

1　こんなとき

2　こうするよりは

3　こうしてみては？

（1枚目を提示）

T：お医者さんだね。耳に付けているのは何をするものか知っている？

C：もしもしするの。

T：うん、胸の中も元気かなって、もしもしして聴くんだよね。

C：そう。

T：みんな、順番を待っているね。あれ？　1人、嫌だなって顔の子がいる。どの子？

C：この子？

T：うん、次だね。

（2枚目を提示）

T：「いや～！」ああ、泣いてしまった。

C：痛くないのに。

T：怖いのかな？

C：怖くないよ。

（3枚目を提示）

T：こっちでは　「せんせい　そばにいて」先生に頼んでいる。先生がそばにいてくれたら大丈夫だね。

C：うん。

T：お医者さんも、ニコニコしているね。

C：本当だ。ニコニコなら、怖くないのに。

T：お医者さんに、そう頼んでみる？

C：嫌だ。恥ずかしい。

Point

実は被指導児もお医者さんが怖いのです。でも怖がっている子を勇気づけることもできるお兄ちゃん、お姉ちゃんでもあるのです。

3　羽化したばかりのちょうちょうの羽をひっぱるのではなく、そっと観察する。

1　こんなとき

2　こうするよりは

そんなに
ひっぱったら
ちょうちょうが
しんでしまう

3　こうしてみては？

はねはまだ
しわしわだね

（1枚目を提示）

T：これ何？　何を見ているの？

C：ちょうちょう、ちょうちょうが生まれたの。

T：生まれたの？

C：そう。ほら、ここにおうちがある。ここから出て来た。

T：本当だ、抜け殻。よく見つけたね。

（2枚目を提示）

T：えっ。外に出して触っている。

C：大丈夫。

T：「そんなにひっぱったら　ちょうちょうが　しんでしまう」女の子も心配しているよ。

C：大丈夫だって。

T：でも、心配。

（3枚目を提示）

T：こっちでは　「みるだけ　みるだけ」そっと見ているだけ。

C：大丈夫だよ。

T：「はねはまだ　しわしわだね」女の子がそう言っている。

C：そうなの？　だったら、だめ。

T：羽が乾いたら、パタパタし始めるね。

C：そう。それまで、見るだけ、見るだけ。

Point

被指導児も虫の観察は大好きです。持っている知識を総動員して会話を楽しんでいます。

4　遊んでいる最中に「おかたづけ」と言われ、まだまだ遊びたいときは、次の予定を確かめ気持ちを切り替える。

1　こんなとき

おかたづけを
してください

2　こうするよりは

おかたづけは
いや
まだ
あそびたい

3　こうしてみては？

（１枚目を提示）

T：電車で遊んでいるね。でも先生が　🔊「おかたづけを　してください」だって。

C：まだ、遊びたい。

T：みんな、そう思っているの？

C：うん、みんなおもちゃを持っている。

（２枚目を提示）

T：🔊「おかたづけはいや　まだ　あそびたい」本当だね。３人とも、そう言っている？

C：あっ、立っている子だけ。

T：他の２人は、どうしている？

C：何か、片付けている。

T：うん、真ん中の子は？

C：まだ、遊んでいる。

T：先生は？

C：遊んでいない。

T：先生は、３人を見ているね。困っているみたい。どうして？

C：お片付けなのに、遊びたいって言ったから。

（３枚目を提示）

T：こっちでは、何かを見ている。

C：予定表！　うち（保育園・こども園・幼稚園）にもある！

T：この子、何を言っている？

C：フォークで、ご飯を食べている。

T：うん、大きな口をあけて食べているね。この子、次は給食だなと確かめに来たんだよ。「おかたづけをしたら　つぎは　きゅうしょく」

C：そういうこと。

T：他の子も見に来ている。片付け終わったら給食だね。

C：うん。

Point

いつまでも遊んでいたい。でも、次に楽しみがあれば、気持ちの切り替えも早いです。

5　手伝ってくれないのは許せないと思ったときは、その子が手伝えない理由を確かめ、他の子に頼む。

2　こうするよりは

おまえなんか だいきらい
どうして そんなこと いうの

1　こんなとき

そっちを もって
いま？ できない

3　こうしてみては？

（1枚目を提示）

T：🔊「そっちを　もって」机を持ってもらって何をしたいの？

C：動かすの。

T：🔊「いま？　できない」女の子、どうしてできない？

C：重いから、持てない。

T：うん、重そうだね。でも、今はできない。後ならできる？

C：あっ！　今はぞうきん。

T：ぞうきんで机を拭いているから、今はできないんだね。

（２枚目を提示）

T：「おまえなんか　だいきらい」怒っているね。

C：うん。

T：「どうして　そんなこと　いうの」この子、偉いね。怒っている子にちゃんと理由を聞いている。

C：怖いのにね。

T：できない理由を分かってもらえると良いね。

C：多分、無理。

（３枚目を提示）

T：こっちでは、怒っていない。女の子が机を拭いていて、忙しいって分かったみたい。

C：そうだよ。

T：持ってくれる人を探しているような気がする。何と言っている？

C：誰か持って！

T：「だれか　てつだって」そうだったね。

C：あっちから、来た来た。

T：良かったね。ぞうきんの子は？

C：机を拭いている。

Point

　まだまだ自分が１番。でも、友達の意見を聞いたり、考えたりする中で少しずつ周りが見えてきます。

6　追いかけて来て、自分のしっぽを取った子が許せないときは、それがゲームであることを思い出す。

1　こんなとき

2　こうするよりは

3　こうしてみては？

（1枚目を提示）

T：何をして遊んでいる？

C：なんか、赤いフワフワなのを持って走っている。

T：女の子の服のところにもしっぽみたいなのが付いているよ。

C：あっ、しっぽ取り？

T：そう、男の子のしっぽを取ったところだね。

C：うん。

（2枚目を提示）

T：「やめろ」えっ、しっぽ取りゲームと違うの？

C：叩いた。女の子、泣いている。

T：うん。男の子、しっぽ取りだというのを忘れているのかな？

C：取られたから怒っているんだよ。

T：しっぽを取るゲームなのに？

C：負けたら怒る子、いるよ。

（３枚目を提示）

T：こっちでは、男の子もニコニコして 「つぎのゲームでは　しっぽを　とろうな」しっぽを取られたら、ここに座るって分かっているね。

C：うん。

T：「わぁ　とられた」今度は、女の子も取られたね。

C：でも、もう１個ある。

T：本当だ。また逃げるんだね。

C：うん。

Point

負けるのが大嫌いな子、ゲームであることを忘れて本気で怒り出す子。気持ちのコントロールは難しいです。

7 鬼ごっこの最中に、そこから離れるときは、周りの子に伝えてからにする。

1　こんなとき

2　こうするよりは

トイレにいきたい
ええっ おにがやめたらだめだよ

3　こうしてみては？

わかった そのあいだぼくがおにをするね

（1枚目を提示）

T：鬼ごっこをしているね。鬼はどの子？

C：追いかけている子。

T：そうだね、帽子の色も違う。何色？

C：白。

（2枚目を提示）

T：🔊「トイレにいきたい」

C：行ったらだめ！

T：でも、我慢できないのかもしれないよ。

C：我慢しないとだめ！

T：我慢はしなくてもいいよ。でも、「ええっ　おにが　やめたらだめだよ」だって。他の子は、この子がトイレに行きたいことを知っているの？

C：うん。

T：でも、女の子、言ってないよ。ここモクモク、心の中で思っただけだから。

C：そうなの？

（3枚目を提示）

T：こっちでは、言っているね。男の子「わかった　そのあいだ　ぼくがおにをするね」と答えてくれた。女の子、何と言ったのかな？

C：おしっこ行くから、誰か鬼になって。

T：「ごめん　トイレにいってくる」理由を言ったら、分かってもらえたんだね。

C：うん、あっ、鬼になると言った子、帽子を白に変えた。

T：本当だ、よく気が付いたね。

Point

　こうと思ったら一直線。他の子には、言葉にして伝えないと分かってもらえないよ。あっ、そうか。という場面です。

8　くしゃみは、つばが友達にかからないように、その子から顔をそらしてする。

1　こんなとき

2　こうするよりは

ハッ
ハッ
ハックショーン

3　こうしてみては？

ハッ
ハッ
ハックショーン
おおきなくしゃみ

（1枚目を提示）

T：男の子、くしゃみが出そう。

C：変な顔。

T：くしゃみが出るときってどんなんだっけ？

C：ハッ、ハッ、ハッて……出そうで出ない。

（2枚目を提示）

T：「ハッ　ハッ　ハックショーン」

C：ヒー、唾がいっぱい飛んだ。

T：うん、女の子、嫌そうに横を向いたね。

C：そりゃあ、嫌だよ。

（3枚目を提示）

T：こっちでは　🔊「ハッ　ハッ　ハックショーン」男の子、どうしている？

C：横を向いた。

T：うん、女の子の顔に唾がかからないようにしたんだね。

C：でも、唾はあっちこっちに飛ぶよ。

T：唾がかからないようにするには、手のひらや腕で口を塞ぐのも良いね。
　🔊「おおきな　くしゃみ」女の子、笑っているね。

C：うん。

Point

基本的なマナー、エチケット。園生活の中でも他にもたくさんあります。

9　おしっこは、ままごとの家の中のトイレではなく、本当のトイレに行ってする。

1　こんなとき

おしっこに
いきたい

2　こうするよりは

ここが
トイレ
やめて

3　こうしてみては？

まってるよ

（１枚目を提示）

T：何をしている？

C：おままごと。

T：ままごとの最中に　🔊「おしっこに　いきたい」だって。

C：トイレに行けば良いよ。

T：待ってもらえば良いよね。

C：うん。

（２枚目を提示）

T：🔊「ここがトイレ」何？　どういうこと？

C：おままごとのトイレかぁ。良い考えだね。

T：「やめて」嫌がっているよ。

C：でも、おままごとのトイレだから。

T：おままごとのトイレに、本当のおしっこをしてしまったよ。

C：だめなの？　……臭くなる？

（３枚目を提示）

T：こっちでは　「おしっこに　いってくる」本当のトイレに行くみたい。

C：それなら良いね。

T：「まってるよ」良かったね。

C：うん。おままごとでも、本当のトイレに行くんだよね。

Point

おままごとのつもりが、ついつい本気になってしまう。このしっかり者の被指導児もしばらく気付かなかったようです。

10　自分の箸箱が空っぽのとき、そばにあった友達の箸をその中に入れるのではなく、先生に借りる。

1　こんなとき

2　こうするよりは

3　こうしてみては？

じゃあこれをつかってね

（１枚目を提示）

T：何の時間？

C：給食。

T：右の子、どうしたのだろう？

C：いただきますって。

T：あっ、こっちの青い服の子のこと。どうしたのかな？

C：お箸がなかった。

T：箸箱に箸が入っていなかったんだね。

（2枚目を提示）

T：この子、箸がなくて……それで、どうしたの？

C：あっ、箸、ここにあったって。

T：あったの？　自分の箸？

C：違う。

T：ないないない、あっ、ここにあったと思ったの？

C：これは、違うの！

（3枚目を提示）

T：こっちでは、お箸がないことを先生に言いに行った。どう言う？

C：先生、お箸がなかった。

T：「せんせい　おはしをわすれたので　かしてください」「じゃあ　これをつかってね」貸してくださいって言えば良いんだね。

C：そうだよ。ないときは貸してもらえるよ。

Point

困ったときは、友達や先生に相談できる。それが園生活の利点です。

11　相手がぶつかってきたと思ったときも、一方的に責めるのではなく事実を確かめる。

2　こうするよりは

やめろ
いたい
えっ？

1　こんなとき

3　こうしてみては？

ううん
このオルガンにぶつかっていたよ

（１枚目を提示）

Ｔ：この子、何をしているんだろう？

Ｃ：３人で遊んでいる。同じ服だね。

Ｔ：３人いるように見えるね。……本当はこの子が部屋の中でクルッ、クルッ、って回っているところ。あっ、２回目のクルッで、何かにぶつかった。痛そうな顔。

Ｃ：クルッ、クルッ、って踊っている？　目をつむったらぶつかるよ。

Ｔ：本当だ、目をつむって回っているね。

Ｃ：気持ち良いのかな？

（２枚目を提示）

T：「やめろ　いたい」　「えっ？」どうしたの？　女の子、びっくりしているよ。

C：関係ないのに。

T：女の子のせいで、ぶつかったと思った？

C：変なの。

T：目をつむっていたから、女の子のせいだと勘違いしてしまったのかな？

C：勘違い？

T：そうではないのに、そうだと思ってしまったの。

C：ふうん。

（３枚目を提示）

T：こっちでは、怒らないで女の子に確かめている。「ぼくに　ぶつかった？」やっぱり勘違いしていたね。

C：うん。

T：「ううん　このオルガンに　ぶつかっていたよ」

C：この子、面白い。うちの組の○○ちゃんもよく勘違いするよ。

Point

こんなふうに回転するのが大好きな子がいます。身体に刺激を取り込んでいるのだそうです。

12　先生に「だめ！」と制止されたときは、その理由を確かめ、適切な行動をする。

（先生も、ただだめと言うだけではなく、子どもが落ち着いているときにどうしたら良いかを伝える）

1　こんなとき

だめ！
非常階段

2　こうするよりは

ここはだめ！
つかったらだめ！
非常階段
ごめんなさい
ごめんなさい

3　こうしてみては？

ここは
とくべつなときだけにつかう
ドアだからです
非常階段

（1枚目を提示）

T：ドアを開けようとしているね。先生が「だめ！」どうして？

C：分からない。

T：ここはね、非常階段。普段は使わない階段。ほら、ここのくまさんの絵に「×」って書いてあるよ。でも、この男の子、開けたくなったんだね。

C：ふうん、非常階段か。

（2枚目を提示）

T：「ごめんなさい　ごめんなさい」「ここは　だめ！　つかったらだめ！」そう言われて泣き出したね。

C：非常階段って知らないんだよ。

T：うん、非常階段って何かを知らなかったら、怒られる意味も分からないよね。

C：えっと……何だっけ？

T：非常階段はね、普段は使わないで、火事など急いで外に出なければならないときにだけ使う別の階段。

C：そうなんだ。

T：普段は使わないで、閉めていることが多いよ。

C：使わないから×なんだね。

（3枚目を提示）

T：こっちでは、男の子、理由を聞いている。「あけたら　だめなの？どうしてだめなの？」「ここは　とくべつなときだけにつかうドアだからです」

C：教えてもらったね。

T：ただだめではなく、だめな理由も知りたいよね。

C：うん。

Point

2枚目の先生の伝え方も適切とは言えません。3枚目では、質問に対して理由を答えていますが、最初から「今は使わないでね。ここは火事や地震のときに、上履きのまま外に逃げるときに使う階段だからね」と言えば良かったのです。

13　自分の持ち物には名前が書いてあるが、自分の名前を書けば自分の物になるわけではないことを知る。

1　こんなとき

2　こうするよりは

いこの
なまえが
かいてある
から
これは
いこの
もの
ええっ
いこ

3　こうしてみては？

せんせいの
ものには
せんせいの
なまえを
かくね

（1枚目を提示）

T：何をしている？

C：字を書いている。い……こ……。

T：うん、そばにノートと鉛筆とセロハンテープがある。誰かの机かな。

C：このペン、お家にある。消えないペン。

（2枚目を提示）

T：🔊「いこのなまえが　かいてあるから　これはいこのもの」この子、いこちゃんっていうんだ。自分で、筆箱に名前を書いたんだね。

C：そうなんだ。

T：でも　「ええっ」先生がびっくりしている。もしかして、これは先生の机で、筆箱も先生の物？

C：先生のに「いこ」って書いたの？

（3枚目を提示）

T：こっちでは　「いこのなまえを　かいても　せんせいのものは　せんせいのもの」いこちゃん、分かったみたいだね。

C：うん。

T：いこちゃん、名前を書いたら自分の物になると思っていたんだね。

C：欲しかったんだよ。

T：「せんせいのものには　せんせいのなまえをかくね」先生も自分の名前を書いているね。

C：うん。

Point

持ち物には名前を書いてある。逆に自分の名前が書いてあったら自分の物。この子には取ったという意識はないのです。

14　いつもと違うホールでの発表会は不安だが、いつもと同じことを見つけて気持ちを落ち着かせる。

1　こんなとき

2　こうするよりは

ちがう
ちがう
いつもと
ちがうところ
ちがうひと

3　こうしてみては？

（１枚目を提示）

T：これステージだね。何が始まるのかな？

C：人形劇！

T：うん、大人のお客さんがいっぱい。あれ、この覗いているのは子どもみたい。

C：分かった。発表会だ。

T：次を見てみようか。

C：うん。

（２枚目を提示）

Ｔ：「ちがう　ちがう　いつもとちがうところ　ちがうひと」この子、何か怖いみたい。

Ｃ：ドキドキ。

Ｔ：いつもと違うからドキドキして、怖い。ほら、汗が出ている。

Ｃ：暑いの？

Ｔ：怖いときとか、心配なときに出る汗ね。

Ｃ：ふ～ん、わたし、そんなの出ない。

Ｔ：うん、普段は出ない。よほど怖いのだと思うよ。

Ｃ：そうなんだ。

（３枚目を提示）

Ｔ：こっちでは、みんなで待っているね。笑っている子もいる。何だか落ち着かないで自分の服を引っぱっている子もいる。さっきの子は？

Ｃ：見ている。

Ｔ：「おなじ　おなじ　いつもとおなじひと」ステージの下はいつもと違う。でも、ここにいるのは、いつもと同じ先生と友達ってことかな。

Ｃ：そりゃそうだ。

Ｔ：それで、怖さやドキドキが消えたら良いね。

Ｃ：そうだね。

Point

いつもと違うのは不安。いつもと同じことを探して少しでも不安を軽減できたら良いですね。

15　パラバルーンは、歩き回って眺めるだけでなく、すぐそばで見ることもできることを知る。

1　こんなとき

2　こうするよりは

あか
あお
みどり
きいろ
きれい

3　こうしてみては？

（１枚目を提示）

T：これ、パラバルーンっていうの。見たことある？

C：うん。フワーっとなって面白い。

T：１人、立っている子がいるね。

C：見ている。

T：見ているね。面白いなと思って見ているのかな。

C：そうかな。

（２枚目を提示）

T：🔊「あか　あお　みどり　きいろ　きれい」色がきれいだね。

C：うん。

T：この子、どうして１人で歩き回っているんだろう？

C：見る係。

T：そんなのあるの？

C：作ったの。

T：この先生、この子のことを心配しているみたい。

C：そうなの？

（３枚目を提示）

T：こっちでは、女の子、パラバルーンを持ったよ。先生も嬉しそう。

C：両手で持っている。

T：うん、持ってお話をしている。「ここをもって　くるくるまわります　きれい」歩きながら見ているんだね。

C：そうそう、見る役。

T：持ってクルクル回っても、これでもきれいに見えると良いね。

C：うん、大丈夫、きれいだよ。

Point

実は登場児は、皆と同じ動きをするのはかなり難しいのですが、クルクル回るきれいな色に魅せられて参加できているのです。

4

連続絵カード
幼年版7
ルールやマナーの理解（言動と反応の対比）

アクトボイスペン対応
ソーシャルスキルトレーニング絵カード―連続絵カード
SST絵カード―幼年版7
幼年版7　ルールやマナーの理解（言動と反応の対比）
かげもセーフ
ずるいたかおになのに！
①こんなとき
②こうするよりは
③こうしてみては？
編・著／ことばと発達の学習室M　発行／エスコアール

1　トイレで、先に待っている子がいるときは、その後ろに並んで順番を待つ。

2　こうするよりは

おしっこを
するから
どいて
わたしも
そうだよ

1　こんなとき

3　こうしてみては？

うん
そうだよ

（１枚目を提示）

T：ここはどこだと思う？

C：丸いドアがある所。

T：丸いドア、可愛いね。えっと、このドアの中、足のようなものが見えるよ。ここにはスリッパに履き替える所がある。トイレかも？

C：そうかな。

T：えーっと、今来た子の前に、並んでいるのは何人？

C：３人。

T：うん、全部で３人。今来た子の前にいるのは１、２……２人だね。

C：そういうこと。

（２枚目を提示）

Ｔ：今来た子が　🔊「おしっこをするからどいて」って。えっ、他の子は何をしに来たの？

Ｃ：喧嘩。

Ｔ：🔊「おしっこをするからどいて」🔊「わたしも　そうだよ」全員、おしっこをしに来た。でも、喧嘩みたいになったんだね。

Ｃ：ふ～ん。

（３枚目を提示）

Ｔ：こっちでは、喧嘩にならずに待てている。良かった。

Ｃ：当たり前。

Ｔ：🔊「ならんで　まっているんだね」🔊「うん　そうだよ」

Ｃ：見たら分かる。

Ｔ：うん、でもおしっこが出そうなときは、それを忘れてしまう？

Ｃ：えーっ、それはないよ。

Point

登場児は、言われて初めて他の子も同じだと気付いたようです。被指導児も登場児と似た特性がある子ですが、場面を見て何かを感じたようで、最後に「当たり前」「それはないよ」と反応しているのが何とも可愛いです。

2　ドッジボールのときは、味方とボールの奪い合いをせず、相手チームにボールを当てることを考える。

２　こうするよりは

ボールをよこせ
かえして！

１　こんなとき

３　こうしてみては？

（１枚目を提示）

Ｔ：女の子がボールを投げようとしているね。これ、何かのゲーム？

Ｃ：中当て。

Ｔ：中当てはどんなゲーム？

Ｃ：外の人が中にいる人にボールを当てる。

Ｔ：ドッジボールとはどう違うの？

Ｃ：ドッジは、２つのチーム対抗。

（２枚目を提示）

Ｔ：これ、全体が見えないから、中当てかドッジボールか分からないね。
　　でも、この女の子とそばの男の子は、ボールを当てるほうだね。

C：そう。

T：「ボールをよこせ」　「かえして！」男の子、どうしてこんなことを言うのかな？

C：自分のほうが強いボールを当てられるから。

T：強い子が優先？

C：だいたいそう。

T：いつもそうなら、女の子のほうは、いつ強くなれるのかな？

C：練習すれば良い。

T：その練習、今はできない？

C：さあ。

（3枚目を提示）

T：こっちでは、男の子は何を言っている。

C：あそこに、ボールを投げろって。

T：「あっちが　いいよ」本当だ、男の子がコーチで、練習をしているみたい。

C：ボール、弱いよ。当たるかな。

T：当たりそう。すぐ近くだものね。

C：うん。

Point

力関係がはっきりし、勝つために容認したり諦めたりしてしまうことが多くなる時期です。これはその価値観の下、ボールを奪おうとしている場面です。対してこの指導例では、勝ち負けではなく他の視点で皆が気持ちよく遊べる方法はないかをテーマにしています。

3 出席ノートなどを配るときは、遠くから放り投げず、そばで手渡す。

1　こんなとき

2　こうするよりは

はい どーぞ
いたい!

3　こうしてみては？

ありがとう

（1枚目を提示）

T：何をしている？

C：お帳面を配っている。

T：配ったことある？

C：ううん。みんなが座って、先生が配ってくれるから。

T：この先、配ることもあるかもしれないね。この子の配り方を見てみよう。

C：うん。

（２枚目を提示）

T：「はい　どーぞ」「いたい！」投げたね。

C：投げたら、だめだよ。

T：どうして投げてしまったのかな？

C：遠かったから。

T：うん。投げたら相手に当たるかもしれないよね。どうしたら良い？

C：歩いて行って、はいどーぞってする。

（３枚目を提示）

T：こっちでは、そうしているよ。「はい　どーぞ」

C：当然！

T：女の子も　「ありがとう」って。

C：さっきは痛い！　だったけどね。

Point

SST の場では常識的な返答をしますが、面白がって登場児のような行動をとる子もいます。他の子の行動を見て、自分を振り返る、そのツールとして、絵カードは有効です。

4 都合が良いように途中でルールを変えたりせずに、予め決められているルールを守る。

1 こんなとき

2 こうするよりは

かげも セーフ
ずるい たかおに なのに！

3 こうしてみては？

そうよ たかおに だから

（1枚目を提示）

T：何をしている？

C：追いかけっこ。

T：うん、鬼ごっこで追いかけているのかな。何の鬼ごっこ？

C：影鬼！

T：影に逃げているから、そうだろうね。

C：うん。

（2枚目を提示）

T：「かげも　セーフ」あれ？　影鬼なら影がセーフだよね。どういうこと？

C：「ずるい　たかおになのに！」高鬼なんだ！

T：「ずるい　たかおになのに！」本当だね。ここ、すべり台に逃げている子。

C：ずるい！

T：うん、どうしたら良いかな？

C：あっ、ここ。光っている。

T：うん、葉っぱの間から太陽の光がもれてきているんだね。ええっと、鬼ごっこ、影に隠れる影鬼ではなかったよね。何鬼だった？

C：高鬼！

（３枚目を提示）

T：こっちでは、影に逃げるのはずるいと気付いている。相手の子は「そうよ　たかおにだから」この子は何と言っている？

C：ごめん、ごめん。

T：「かげは　アウトか」それに気付いたこの子に何か言ってあげて。

C：そうだよ。高鬼だから、影はアウト。

Point

負けるのが大嫌いな子、負けないように途中でゲームのルールを変えてしまう子。園でのあるある場面です。被指導児には、場面を客観的に見ることで、なぜ遊びにはルールがあるのかに気付いてほしいと思います。

5　途中で気持ちが変わっても、先にグループで相談して決めていたことは守る。

1　こんなとき

グループあそびのそうだん

2　こうするよりは

4にんで きめたのに
やっぱり ねんどが いい

3　こうしてみては？

そうだね

（１枚目を提示）

Ｔ：何をしている？

Ｃ：ブロックのお話をしている。

Ｔ：ブロックをする相談？

Ｃ：あっ、ここに書いてある。「グループあそびのそうだん」

Ｔ：グループ遊びでブロックをすると決まったんだね。４人とも賛成？

Ｃ：そう。

（２枚目を提示）

Ｔ：🔊「やっぱり　ねんどがいい」🔊「４にんで　きめたのに」どうしたんだろう？

C：隣を見て、気が変わったのと違う？

T：そうだね。さあ、どうする？

C：隣に引っ越せば良い。

T：ああ、そういう手もあるね。でも、せっかく４人とも賛成して決まったのに。

C：別にかまわないよ。

T：うん、でも、他の３人に説明をしたほうが良さそう。どう言う？

C：気が変わった。

T：🔊「４にんで　きめたのに」って言っている子、分かってくれると良いけど。

（３枚目を提示）

T：こっちでは、みんなで決めたブロックをしているね。何と言っているのかな。

C：ブロックも、けっこう面白いね。

T：粘土も面白そうだけれど、ブロックも面白かったんだね。🔊「つぎは　ねんども　いいね」🔊「そうだね」だって。

C：そうだよ、今ではなくても、次に粘土で遊べば良いんだよね。

Point

　一人ひとりが好きな遊びに集まって遊ぶこともありますが、グループ内で遊びの相談をすることもあります。相談の中で意見を聞き、自分の行動を調整することができる子も出てきます。

6　相手にだけ厳しい要求をするのではなく、自分も守る。

1　こんなとき

2　こうするよりは

タイヤが でたから アウト
わたしだけ でたの？

3　こうしてみては？

もう１かい しよう

（１枚目を提示）

T：これ何？　遊んだことある？

C：キックスケーター。園にいっぱいあるよ。

T：ここ、線が２本。キックスケーターが通る道かな。

C：面白いね。

T：細い道だから、通るの、難しそう。

C：すぐに曲がれないよ。

（２枚目を提示）

T：「タイヤが　でたから　アウト」やっぱり道の上を走っていたんだ。前の女の子、タイヤが道から出たからアウトだって。出ている？

C：うん。

T：女の子、「わたしだけ　でたの？」どう？　男の子も出ている？

C：出ている。

T：「タイヤが　でたから　アウト」どうしてこんなことを言ったのかな？

C：勝ちたかったから。

T：競争ではなく、練習だったら良いのにね。

C：うん。

（3枚目を提示）

T：こっちでは、2人ともニコニコ顔。女の子は　「もう1かい　しよう」さっきと何が違うの？

C：分からない。

T：男の子が、何と言ったか聞いてみよう。「ふたりとも　アウトだよ」どういうこと？

C：分からない。

T：1枚目の絵カードを見てみよう。（1枚目を見ながら）どう？　分かった？

C：女の子だけでなく、男の子も道から出ていたから。

T：「ふたりとも　アウトだよ」「もう1かい　しよう」

C：何か、仲良しだね。

Point

競争ではなく一緒に挑戦するという視点に切り替えることで、他の子を責めずに、一緒に楽しめる場合もあることを知ってほしいです。

7　いつも同じトイレに入ると決めていても、先に人がいたら順番を待つ。

1　こんなとき

2　こうするよりは

ここは わたしの トイレよ
ここは みんなの トイレよ

3　こうしてみては？

そうなの？

（1枚目を提示）

T：ここはトイレ、個室はいくつある？

C：3つ。

T：前の子はドアを開けて入ろうとしているね。

C：うん。

（2枚目を提示）

T：🔊「ここは　わたしの　トイレよ」えっ、どういうことかな？

C：分からない。

T：言われた子は　🔊「ここは　みんなの　トイレよ」この子はわたしのトイレとは言わないね。

C：これ、幼稚園（保育園、こども園）のトイレだから。
T：「ここは　わたしの　トイレよ」どうしてそう言ったのかな？
C：ここに入りたかった。
T：そうかもしれないね。
C：きっとそうだよ。

（３枚目を提示）
T：こっちでは、相手の子もニコニコ。何と言ったのかな？
C：ここで待っているからね。
T：「いつも　ここに　はいるの」どうしても、ここが良いみたい。
　「そうなの？」
C：一緒なのに。
T：まあまあ、待つみたいだから許してあげて。
C：仕方がない。許してあげる。

Point

子どもによってさまざまな取り決めがあります。端が落ち着くとか、好きな（気になる）物があるなどの理由も、その子にとっては大きな問題なのです。このような件に関しては、大人よりも子どものほうが、案外共感できる場合が多いと思います。

8　この子の足だけが汚れているわけではないので、足洗い場では皆と同じように順番を待つ。

1　こんなとき

2　こうするよりは

ドロドロだから　さきにあらう　けんりがある
じゅんばんだよ！

3　こうしてみては？

じゅんばんだよね

（１枚目を提示）

Ｔ：何をしている？

Ｃ：足を洗っている。

Ｔ：右の３人は？

Ｃ：順番を待っている。

Ｔ：どうして足を洗うの？

Ｃ：ほら、みんな足がドロドロだから。

（２枚目を提示）

Ｔ：🔊「ドロドロだから　さきにあらう　けんりがある」この子、並んでいた子？

C：後から、来た子。

T：言っている通り、足は、ドロドロだね。

C：うん。

T：先に洗ってもいい？

C：ううん。

T：どうして？

C：他の子もドロドロだから、同じ。

T：「じゅんばんだよ！」

C：そりゃ、そうだよ。

（3枚目を提示）

T：こっちでは、並んでいる。「みんなも　ドロドロだね」そう気付いたみたい。良かったね。「じゅんばんだよね」

C：うん。でも、うちの組の○○ちゃん、いつも並ばないよ。

T：どんな子？

C：並ぶのが嫌い。すぐにどこかに走って行く。

T：嫌いというより難しいのかも。足の悪いお年寄りや動き回る赤ちゃんは、並ぶのは難しいものね。どっちか分かったら、また教えてね。

C：覚えていたらね。

Point

登場児は自分の都合で行動しがちな子です。実際の生活では、その子の身体的、精神的特性、その他の待てない理由がある場合もあります。小さい子を優先してあげたり、乗り物に優先座席があったりする理由なども別の絵カードで学んでほしいと思います。

9　遊具は独り占めせずに、そこにいる子みんなで一緒に使う。

1　こんなとき

2　こうするよりは

ぼくの きちに はいったら だめ
ひとりじめ しないで

3　こうしてみては？

おもしろそう

（１枚目を提示）

Ｔ：何をしている？

Ｃ：ジャングルジムの前に椅子を置いている。

Ｔ：何をするのか見てみようか。そばで見ている子もいるね。

Ｃ：うん。

（２枚目を提示）

Ｔ：「ぼくのきちに　はいったらだめ」基地だったんだね。これは、この子の基地？

Ｃ：この子が、作っている基地。

T：そうだね。後ろのジャングルジムも、この子の？　「ひとりじめしないで」女の子はそう言っている。どう思う？

C：椅子は、この子のもの。

T：１人で椅子に座っていても面白くないのにね。

C：通せんぼをするのが面白い。

T：それ、やってみたい？

C：何か、意地悪みたいだからやりたくない。

（３枚目を提示）

T：こっちでは、２人とも楽しそう。「ジャングルジムきちだよ　どうぞ」

C：うん、お客さんが来たほうが面白い。

T：「おもしろそう」女の子も、そう言っているね。

C：２人で、基地ごっこ。そりゃ、こっちのほうが良いよ。

Point

１人だけで遊ぶのが面白いと思う子はいます。しかし、人数が増えると遊びが広がることも確かです。この絵カードのテーマは「みんな一緒に」「みんな仲良く」ではありません。「こんな遊び方もある。他にはどんな遊び方がある？」といったことを考えるきっかけになればと思います。

10　お迎えに来たのが誰のお婆ちゃんか気になったときは「誰のおばあちゃんですか」と聞いてみる。

1　こんなとき

だれだろう？

2　こうするよりは

だれ？
シワシワ
おばば？

3　こうしてみては？

はなちゃんの
おばあちゃん
です

（1枚目を提示）

T：幼稚園（保育園・こども園）のお迎えの時間。誰か来たね。男の子が🔊「だれだろう？」って。誰かな？

C：園長先生。

T：えっ、園長先生を、誰だろうって思うの？

C：あっ、間違えた。誰かのお婆ちゃん！

（2枚目を提示）

T：🔊「だれ？　シワシワおばば？」お婆ちゃん、怒っている？

C：怒ってない。びっくりしている。

T：このお婆ちゃんは、自分の孫も通っているこの園の子がみんな可愛い。だから怒らないだけのような気がする。

C：へえ。

T：怒らないからといって、言っていいと思う？

C：ううん。

（３枚目を提示）

T：こっちでは　「ぼくは　たろうです　だれのおばあちゃんですか？」この子、このお婆ちゃんは誰かを知りたかったんだよね。だったら、そのまんま、そう聞けば良いよね。

C：そうなの？

T：「ぼくは　たろうです　だれのおばあちゃんですか？」「はなちゃんの　おばあちゃんです」お婆ちゃんもお話ができて嬉しそう。

C：気のせい、気のせい。

Point

知らない人にも、こんな風にストレートに話してしまう子はいます。園児のお婆ちゃんなので、びっくりはしても怒らなかったようですが、かなり失礼な話し方です。知らない人への話しかけ方などは、具体的な言葉を用いての練習が必要です。

11　いつも同じ子の失敗や弱点を言い立てるのは止め、その子が気になるのなら解決の方法を伝える。

1　こんなとき

2　こうするよりは

また
ぬぎっぱなし
きみは
わるいこだ
わるいこじゃ
ない！

3　こうしてみては？

あっ
わすれてた

（1枚目を提示）

T：どんな場面？

C：男の子が下を見ています。赤い靴があります。

T：この赤い靴は誰の？

C：分かりません。置いてあります。

T：ここの靴箱、空いているね。赤い靴はここに入れる靴。この歩いている子の靴では？

C：そうですね。

（2枚目を提示）

T：「またぬぎっぱなし　きみは　わるいこだ」やはり、歩いている子の靴だったね。靴箱に入れ忘れたのかな。

C：悪い子です。

T：忘れたら悪い子になるの？

C：忘れてはだめです。

T：「またぬぎっぱなし　きみは　わるいこだ」「わるいこじゃない！」悪い子というより、靴を入れ忘れるあわてん坊な子かな。

C：あわてん坊はだめです。

T：そうね、あわてないで、靴箱に入れたら良かったね。

C：それが良い子です。

（3枚目を提示）

T：こっちでは、靴のことを教えてくれたみたい。「あっ　わすれてた」って笑っている。どう言って教えてくれたのかな？

C：靴は靴箱へ入れます。

T：「くつばこに　いれたほうが　いいよ」～のほうが良いよって、良い言い方だね。

C：そうですか？

T：「くつばこに　いれたほうが　いいよ」２人ともニコニコしている。

C：ニコニコ？　笑っていますね。

Point

特定の子のことが気になり、その子の行動を一から十まで監視し、間違いを指摘してしまう子がいます。そして「あの子は悪い子」とレッテルを貼ってしまいます。気になるなら、悪いことの指摘ではなく、解決策を伝えるようにする。この絵カードではその提案をしています。

12　他の子の持ち物には勝手に触らず、その子に聞いてから触らせてもらう。

1　こんなとき

2　こうするよりは

やめて
これ テレビで みた

3　こうしてみては？

いいよ

（１枚目を提示）

Ｔ：こっちの子、かばんを見ているね？　どうしてかな？

Ｃ：人形が可愛いから。

Ｔ：そんな感じだね。

Ｃ：きっと、そう。

（２枚目を提示）

Ｔ：「これ　テレビで　みた」テレビに出てくるのと同じなら気になるね。「やめて」相手の子、嫌がっているよ。

Ｃ：そりゃそうだよ。引っぱっているから。

Ｔ：うん、引っぱられたら嫌だよね。

C：私も、引っぱられたことある。
T：そうなんだ。
C：引っぱらないで、見せてって言わないとだめだよ。

（3枚目を提示）
T：こっちでは、引っぱっていないね。 「さわっても　いい？」相手の子も 「いいよ」
C：うん。これなら見せてあげてもいい。
T：そうだね。
C：そうだよ。

Point

欲しい物を見つけるとすぐに触ってしまう子がいます。見せてほしかったり触らせてほしかったりするときは、相手に伝えて許可を得る。それがマナーだと学んでほしいと思います。

13　トランプなどのゲームで負けそうになっても、途中でやめずに最後まで続ける。

1　こんなとき

2　こうするよりは

ずるいよ
もう
やめた

3　こうしてみては？

もう 1かい
やろうか

（1枚目を提示）

T：トランプをしているね。何のゲームか分かる？

C：ババ抜き？

T：男の子が選んでいるところね。どっちを取るかな？

C：あっ、男の子の指！　ババではないほうを取りそう。

T：そうだね。女の子の頭、ほら、ビクッとしている。

C：ビクッ？　本当だ、面白い。

（2枚目を提示）

T：🔊「もうやめた」 🔊「ずるいよ」あらら！

C：ずるい。負けたからって。

T：女の子、負けたのが嫌なんだろうね。

C：負けは負け！

T：どうしたら良い？

C：嫌なら、ババ抜きはしない！

T：負けるゲームはしない？

C：ゲームは、負ける。

T：じゃあ、ゲームはしないほうが良いね。

C：そう。

T：でも勝つこともあるよ。

C：負けることのほうが多い。

T：そうなの？

（3枚目を提示）

T：こっちでは　「わあ　まけた」だって。

C：やっぱり負けた。

T：うん、負けたのに、笑っている。どうして？

C：負けるのに慣れた！

T：そうなの？　負けたけど、また何回かしたら勝てるかもしれないよ。男の子も　「もう１かい　やろうか」って。

C：また、負けるのに。

T：負けたからすぐやめるより、負けたり勝ったりしながら、続けるほうが面白いかもしれない。

C：勝つほうが良い！

T：うん、その気持ちも分かる。

Point

ゲームでは勝つことも負けることもあります。勝ち負けも含め、一緒に楽しむのがゲームの楽しさです。しかし勝ち負けにこだわり、負けるとゲーム自体を放棄する子はいます。まず、勝ち負けのないゲームで一緒に遊ぶ楽しさの経験を大事にしてあげると良いです。

14 スーパーのレジカゴに入れたお菓子は、お金を払いお家の人に確認してから食べる。

1　こんなとき

2　こうするよりは

これ
おいしい
やめなさい

3　こうしてみては？

おかねを
はらってから
たべようね

（１枚目を提示）

T：どこで、何をしている？

C：スーパーで買い物をしている。

T：そうだね。あっ、男の子、自分でかごに何かを入れたね。

C：うん、黄色いの。

T：お家の人も、買っていいよっていう顔で見ているね。

C：うん。

（２枚目を提示）

T：🔊「これ　おいしい」あれ、男の子、何をしている？

C：お菓子を食べてしまった。

T：うん、食べてしまったね。まだお金を払っていないよね？

C：「やめなさい」って怒られているよ。

T：🔊「やめなさい」

C：だめだよね。

（3枚目を提示）

T：こっちでは、食べたそうだけれど何か聞いているよ、何？

C：食べていい？

T：🔊「いま　たべたら　だめだよね」だめだって分かっているけれど食べたい。我慢、我慢。

C：そう、我慢、我慢。

T：🔊「いま　たべたら　だめだよね」🔊「おかねを　はらってから　たべようね」

C：家に帰ってからだね。

T：そうそう、お家まで我慢、我慢。

C：うん。我慢、我慢。

Point

欲しくて買ってもらったお菓子、食べたくても、レジでお金を払うまでは、お店のものです。お金を払い、店を出て許可をもらってから食べるのがルール。絵カードで再確認したいです。

15　エレベーターには、その階で降りる人が降りてから乗る。

1　こんなとき

2　こうするよりは

3　こうしてみては？

（1枚目を提示）

T：ここはどこ？

C：エレベーターの前。

T：エレベーターに乗るために待っているね。上と下、どちらに行くの？

C：分からない。

T：ここの三角を見て、上向きと、下向きのどちらが光っているか見ると分かるよ。

C：下に行くんだ！

T：そう。ではエレベーターは、今、何階？　ヒントは男の子が見ている数字。

C：2。あっ、ここ2階だから、もう来るね。

（２枚目を提示）

Ｔ：「はやく　はやく」先に乗るの？

Ｃ：降りるほうが先だよ。この赤ちゃんが先。

Ｔ：そうだね。

Ｃ：これだと、ぶつかってしまうよ。

Ｔ：これ、お母さんもだけど、赤ちゃんもびっくりした顔だね。

Ｃ：なんか、目が丸い。

（３枚目を提示）

Ｔ：こっちでは、降りる赤ちゃんを待てているね。良かった。

Ｃ：あはは、赤ちゃんも笑っている。

Ｔ：男の子、心の中で何を思っているのかな？

Ｃ：可愛い赤ちゃん、先に降りてね。

Ｔ：うん、見守っているね。「おりるひとが　さき」

Ｃ：ねえ、このおじさん……お父さんかな。お父さんも笑っているね。

Point

　エレベーターに乗るときのマナーです。降りる人が先。分かっていても、ついつい気が急いて先に乗ってしまう子がいます。絵カードを見ることでルールの再確認をしてほしいです。

5

連続絵カード

幼年版８

言動のコントロール
（言動と反応の対比）

アクトボイスペン対応
ソーシャルスキルトレーニング絵カード―連続絵カード
SST絵カード　幼年版８
幼年版８　言動のコントロール（言動と反応の対比）
ぼくのは？
①こんなとき
②こうするよりは
③こうしてみては？
編・著／ことばと発達の学習室Ｍ　発行／エスコアール

1　そこを通りたいときには「じゃまだ　どけ！」ではなく「そこをとおらせて」と言う。

1　こんなとき

2　こうするよりは

3　こうしてみては？

（**1枚目を提示**）

T：ここはどこ？

C：入り口。

T：女の子２人、何をしているのかな？

C：何か、どんぐりみたいなのを拾っている。

T：落としたのを、拾い集めているみたいだね。

C：そうかな。

（**2枚目を提示**）

T：そばで立っていた男の子　「じゃまだ　どけ！」って。どうして？

C：ここを通りたい。でも女の子がじゃま。

T：ここは入り口だものね。

C：でも、この男の子、怖い。

T：きつい言い方だね。女の子たちは、わざとじゃまをしたの？

C：どんぐりを拾っていただけ。

T：男の子は、それに気付かず、わざとじゃまをしていると思ったのかもしれないね。

C：そうかな。

（３枚目を提示）

T：こっちでは、みんな良い顔だね。怒ってもいないし、怖がってもいない。女の子は 🔊「どうぞ」だって。男の子、何と言ったのかな？

C：通りまーす。

T：うん、通りたいことを女の子たちに知らせているんだね。🔊「そこをとおらせて」 🔊「どうぞ」これなら、男の子に気付いて、すぐに通らせてくれるね。男の子も怖い声を出さないですむ。

C：そうだね。

Point

年長組の子でも、互いに相手が何をしているのか、何をしたいのかに気付かないまま、自分の気持ちや都合で行動し、トラブルになってしまうことがあります。それに気付き、互いにどのように伝え、どのような行動をとれば良いか考えさせてあげてください。

2　片付けの時間だと教えてくれた子に「うるさい」と怒るのではなく「まだ　あそびたいよね」と気持ちを伝える。

1　こんなとき

おかたづけ だって

2　こうするよりは

うるさい だまれ
せんせいが そういった

3　こうしてみては？

うん でも もう おかえり だから

（１枚目を提示）

Ｔ：男の子は何をしている？

Ｃ：自動車で遊んでいる。

Ｔ：女の子が男の子に　「おかたづけ　だって」誰かが、お片付けだよって言ったの？　誰？

Ｃ：先生に決まっている。

（２枚目を提示）

Ｔ：「うるさい　だまれ」男の子は怒って、女の子を突き飛ばしてしまった。

C：先生が言ったのに。

T：「せんせいが　そういった」聞こえなかったのかなと思って、先生の言葉を伝えに来たのかな。

C：聞こえても、わざと遊ぶのをやめない子はいるよ。

T：そうなの？　どうしてだと思う？

C：もっと遊びたいから。

T：もっと遊びたいときに、お片付けと言われたら、聞こえないふりをしたくなる？

C：まあ、そういうこと。

（3枚目を提示）

T：こっちでは、男の子は笑顔で答えているよ。何と言った？

C：分かった、もうちょっと遊んだらやめる。

T：もうちょっとと言うのが良いね。

C：本当はずっと遊びたいけどね。

T：「まだ　あそびたいよね」自分の気持ちをそのまま女の子に言っているね。

C：うん。

T：「まだ　あそびたいよね」「うん　でも　もう　おかえりだから」女の子も、もっと遊びたかったみたい。

C：女の子は、男の子と違って大人だから先生の気持ちがよく分かるんだよ。

T：えっ、そうなの？

C：うん。親戚のおばちゃんが言っていた。

Point

この被指導児は先生（大人）への対応などの処世術に長けている子です。しかし、大人の顔色を見て行動を決めるのではなく、状況や対人理解の力が育つ中で、自ら判断し行動できる力も伸長してくれることをを願いたいと思います。

3　「いちばんが　よかった！」と泣き叫ぶのではなく、頑張って走った自分を誇らしく思う。

1　こんなとき

2　こうするよりは

3　こうしてみては？

（1枚目を提示）

T：何をしている？

C：運動会。

T：運動会でかけっこをしているね。

C：うん。

T：どの子も、一生懸命だね。真ん中の子なんて、歯を食いしばって走っている。

C：本当だ。

（２枚目を提示）

T：「１ばんが　よかった！」だって。この男の子の気持ち、分かる？

C：分かる。

T：１番と２番の子、どう思っているのかな。

C：分からない。

T：呆れたような、困ったような顔だね。

C：そうかな。

（３枚目を提示）

T：こっちでは、違う顔だよ。どんな顔？

C：嬉しいような顔。

T：「まけたけど　がんばったよ」負けたけど嬉しいのかな？

C：嬉しいはずない。

T：負けたのは悔しい。それでも頑張って走ったよ。こういうのを誇らしいと言うんだよ。

C：ほこり？　誇らしい？　変なの。掃除時間みたいだね。

T：……。

Point

登場児の悔しさに共感しながらも、競争では誰かが勝ち、誰かが負けるという事実をあらためて確認します。そして「１番」ではなく「頑張った」という価値観、そして、「人には得手、不得手がある」「得意なことを見つけ、その分野で頑張る」などの考え方の存在を知っていく、入り口でもある場面です。

4　サッカーでキーパーになれなくても、他の楽しみ方に気持ちを切り替えゲームに加わる。

2　こうするよりは

じゃんけんで
きめたのに
キーパーしか
やらない

1　こんなとき

かったら
キーパー

3　こうしてみては？

うん

（１枚目を提示）

Ｔ：「かったら　キーパー」じゃんけんでサッカーのキーパーを決めるみたい。

Ｃ：キーパーって何？

Ｔ：このゴールの前で、敵のボールを止める役の人。

Ｃ：どうして、じゃんけんで決めるの？

Ｔ：キーパーになりたい人が多いからかな。

Ｃ：ふーん、そうなんだ。

（２枚目を提示）

T：「キーパーしか　やらない」「じゃんけんで　きめたのに」この子、じゃんけんに負けてキーパーになれなかったみたい。でも、キーパーしかやりたくないって。どうしたら良い？

C：分からない。キーパーって、そんなに面白いの？

T：キーパーは１人だけだから、かっこ良く見えるのかな？

C：だったら、他の子も同じ。

T：どういうこと？

C：キーパーをしたいのは他の子も同じだってこと。

T：確かに。みんな、キーパーをしたいからじゃんけんをしたんだものね。

C：そうだよ。

（３枚目を提示）

T：こっちでは、男の子は笑顔だね。キーパーをしたい気持ちを、どうやって切り替えたんだろう。

C：みんなも自分と同じだと気が付いた？

T：そうか。「いっぱい　てんを　とろう」「うん」キーパーもかっこ良いけれど、いっぱい点を取るのもかっこ良いと気付いたのかな。

C：かっこ良くなくてもいいの！　先生、かっこうばかり、気にしすぎ！

T：はい、気を付けます。

Point

　この被指導児も、実は登場児と同じような言動がある子です。客観的に見る力は持っているのに、自分のことになると途端にその力が弱まる。正論を言うが実生活では逆な行動をしてしまう。それへの気付きの場としても絵カードは活用できると思います。

5　ダンスを完全には覚えていなくても、まずは覚えている所から踊る。

2　こうするよりは

おぼえていないからおどらない

1　こんなとき

3　こうしてみては？

（１枚目を提示）

Ｔ：何をしている？

Ｃ：ダンス？

Ｔ：そうだね。ダンスをしていない子がいるよ、どの子？

Ｃ：この子。

Ｔ：どうしたのかな？

Ｃ：ダンスはしない子。見るタイプ。

（２枚目を提示）

Ｔ：🔊「おぼえていないから　おどらない」見ていたいというより、覚えていないから踊りたくないみたい。

C：それなら、マネをしたら良いのに。

T：○○ちゃんも、マネをするの？

C：そうだよ。

T：先生ともう１人の女の子も、この子のことを心配して見ているね。

C：そうだね。

T：どんな声かけをしてあげる？

C：私も覚えていないよ。マネをしたら良いよ。

T：良いね、その言い方。

C：へへっ。

（３枚目を提示）

T：こっちでは踊っている。手を腰に当てて膝も曲げている。

C：何か言っている。

T：「おぼえていないけど　まねをする」○○ちゃんが言ってくれた通りだね。

C：まあね。

Point

１～２回見ただけで踊れる子はいますが、何度見ても覚えられない子もいます。だから、嫌いとその場から離れてしまうのです。そんなときには「～すると良いよ」「こんな方法もあるよ」とその子に合わせた良い方法を見つけて、提案をしてほしいと思います。

6　雨で外遊びができないのは嫌だけれど、部屋でできる遊びをみつける。

1　こんなとき

2　こうするよりは

3　こうしてみては？

（1枚目を提示）

T：この子、雨を見ているね。雨が好きなのかな？

C：違うよ。「まだ　あめ」って言っている。

T：🔊「まだ　あめ」まだ、降っている、嫌だなって意味？

C：そうだよ。

（2枚目を提示）

T：🔊「あめは　いやだ」わあ、怒って、てるてる坊主を投げつけたね。

C：てるてる坊主は関係ないのに。

T：そばの子も見ているね。どう思っているのかなぁ。

C：こういうのを八つ当たりって言うんだって。

T：どういうこと？

C：全然関係ない人に怒ること。

T：難しい言葉を知っているね。

C：まあね。

（３枚目を提示）

T：こっちでは、たくさんの子が遊んでいるね。みんな、何をしている？

C：積み木、お絵描き、本を読んでいる子もいる。

T：雨で外遊びができないからね。まだ雨って言っていた子 🔊「なにをして あそぼう」だって。

C：雨なら、部屋で遊ぶしかないかって気付いたんだよ。

T：本当は、外で遊びたいのだろうけどね。

C：外も良いけど、中での遊びも好きだよ。

Point

登場児の「あめは いやだ」の言葉と態度は、外で思い切り遊びたい子たちの代弁です。気持ちをコントロールすることが苦手な子は、物や人に八つ当たりをしてしまいがちです。感情の抑制は困難な課題です。アンガーマネージメントなどとの組み合わせが必要です。

7　「いたい　できない」とすぐに竹馬の練習をあきらめないで、少しずつ練習を続ける。

2　こうするよりは

11、12、13ぽ
いたい
もうやめる

1　こんなとき

3　こうしてみては？

がんばりまめ
いたいよね

（1枚目を提示）

T：何をしている？

C：竹馬の練習。

T：したことある？

C：あるよ、年長さんはみんなするよ。

T：難しい？

C：微妙。

（2枚目を提示）

T：🔊「いたい　もうやめる」痛いのは嫌だね。練習のとき、痛くなった？

C：そんなに痛くなかった。

T：人によって違うのかな。「11　12　13ぽ」男の子は、平気な顔で、数を数えている。

C：男の子も痛くないんだよ。

T：そうなのかな？

（3枚目を提示）

T：こっちでは、女の子、笑顔だね。「まめができた　みて」まめが痛いのに笑っているね。どうしてだろう？

C：やせがまん。

T：そうなの？　「がんばりまめ　いたいよね」男の子も、実は痛かったみたい。

C：痛かったけど、痛かった以上に嬉しいことがあった。

T：そうかもしれない。でも痛いだけではなく、皮がめくれてそこからばい菌が入ったりするから、消毒をして絆創膏は貼ってもらったほうが良いね。痛くならないように毎日、少しずつの練習でも良いし。

C：でも、やり始めるとやめられないよ。

T：そうだね。家でも練習をするの？

C：うん。

Point

現状では、運動会の出し物などの練習で、子どもたちに必要以上に頑張りを強いてしまう園もあります。楽しいはずの運動や遊びが苦痛で拒否反応が出たとの話も聞きます。そんな子には是非この SST の場で、S.O.S を発信していいんだよとのメッセージを伝えてください。

8　負けたのが悔しくても、相手の物を壊したりせずに、次はどうするかを考えて工夫をする。

1　こんなとき

2　こうするよりは

そんなの たかくない
やめて！

3　こうしてみては？

すごい

（1枚目を提示）

T：男の子、女の子の積み木のタワーを見ているね。

C：うん、すごいなって。

T：どこがすごいと思う？

C：まあ、大したことはないけれど、男の子のよりは、かっこ良いと思う。

（2枚目を提示）

T：🔊「そんなの　たかくない」どちらが高いか競争をしていたのかな。

C：どっちも、低いよ。

T：高さ競争をしていたのではなさそうだね。どうして　🔊「そんなの　たかくない」って言ったのかな？

C：自分より良いのを作っていたから、悔しくて文句を言ったのだと思う。

T：「やめて！」女の子は、ちゃんと抗議しているね。

C：うん。

（3枚目を提示）

T：こっちでは､女の子　「すごい」って言っている。何がすごいと思ったのかな？

C：さっきより高いし、丈夫そう。

T：「ごめん　ちょっとまねをした」高くて、丈夫。女の子の良いところのマネもしたみたいだね。そう言えるの、偉いね。

C：そのくらい、私も言えるけどね。

Point

遊びの場面ではどちらが高いとか、どちらがかっこ良いとかを競う場合はよくあります。より優れたものを作りたいという欲求が芽生えるのは自然ですが、それが他への攻撃になってしまうことがあるのも事実です。心地の良い会話が続く言葉づかい、大切ですね。

9　小さい組の子に泥団子を壊されたと怒るのではなく、お兄ちゃんの気持ちで見守る。

2　こうするよりは

やめろ
ばかー！
わーん

1　こんなとき

3　こうしてみては？

うん
ごめんなさい

（１枚目を提示）

Ｔ：何をしている？

Ｃ：泥団子を作っている。あっ、こっちの子は泥団子を割っている。

Ｔ：割って遊んでいるの？

Ｃ：触っていたら割れた？

Ｔ：どうしてそう思う？

Ｃ：びっくりした顔だから。

Ｔ：本当だね。右の子もびっくりしているね。

（2枚目を提示）

T：🔊「やめろ　ばか！」 🔊「わーん」どうしたの？

C：やっぱり、こっちの子がお団子を触って壊したんだ。

T：どうして触ったんだろう？

C：触りたかったから。

T：自分では、作らないのかな？

C：分かった。この子、小さい組さんで、まだ、上手に作れないんだ！

T：それで、触らせてもらっていたのかな。

（3枚目を提示）

T：こっちでは、怒っていない。怒らないで何と言った？

C：割れたね。もう1個、作るよ。

T：そう言ってもらえたら、小さい組さんも泣かずにすむね。🔊「ちいさいぐみさん　きをつけてよ」 🔊「うん　ごめんなさい」

C：謝った。小さい組さんも偉いね。

Point

自分より小さい子、大きい子、大人などそれぞれに、言葉づかいも接し方も変わってきます。それらは、普段の生活を通して、人との関わり方を自然に学ぶことが多いです。しかし、それが難しい子もいます。そんな子には、こんな言い方もあるよと教えてあげてほしいと思います。

10　お誕生会でメダルをもらう順番が待ちきれないときは、大きい組は最後のはずだと考え直して待つ。

1　こんなとき

おたんじょうびおめでとう

2　こうするよりは

ぼくのは？

3　こうしてみては？

（１枚目を提示）

Ｔ：これ、何をしている？

Ｃ：お誕生会で、メダルをもらっているところ。

Ｔ：お誕生会ってメダルをもらうの？

Ｃ：うちは王冠。園によって違うんだよ、きっと。

（２枚目を提示）

Ｔ：「ぼくのは？」この子、どうしてそう言ったの？

Ｃ：早く欲しいから。

Ｔ：早くあげたら良いのにね。

Ｃ：えっ、順番だよ。

T：順番？
C：えっと、座っている順番かな。
T：座っているのはどんな順番？
C：えっと、小さい順だ。この子はほら、1番右、1番大きい組なんだよ。
T：そうか、じゃあ、この子に教えてあげて。
C：……きみ、大きい組なら待てるよね。

（3枚目を提示）
T：こっちでは、座って待てているね。何と言っているのかな？
C：大きい組だから待てるよ。
T：「おおきいから　1ばんあとだね」本当だ、同じ意味だね。
C：まあね。

Point

これも小さい組、真ん中組、大きい組……と、年齢とその立ち位置や役割を意識させることができる場面です。どの園にも誕生会のような、異年齢の子が一堂に会する場面があります。この絵カードも、違う年齢の子に目を向けさせる助けになると思います。

11　給食の最中に気になることがあっても席を立たず、食べ終わってから確かめる。

1　こんなとき

2　こうするよりは

すわってね
AとA いっしょ

3　こうしてみては？

あとで いっしょに みてみよう

（１枚目を提示）

Ｔ：この子、ABC と書いた絵本のことを考えている。どうしてだと思う？

Ｃ：そんなこと、分からないよ。

Ｔ：手もとの食器の中を見て。何が入っている？

Ｃ：あっ、ABC。

Ｔ：うん。多分これを見て、ABC の本を見たくなったんだろうね。

Ｃ：単純！

（２枚目を提示）

Ｔ：🔊「A と A　いっしょ」我慢できなくて、本を取って来たんだね。
先生が　🔊「すわってね」って。どう思う？

C：へへっ、ぼくも同じことをする。

T：そうなんだ。だったら、この子の気持ちが分かるね。先生は、この先生の気持ちが分かるんだけど、どうして座ってほしいのだと思う？

C：給食中には、立たないでほしい？

T：そう、大当たり。

C：でも、今したいことを我慢するのは良くない！

T：言うねぇ。今したいことを我慢できるようになるのは、お兄さんになっていくことだよ。

C：別に、お兄さんにならなくて良いから。

（3枚目を提示）

T：こっちでは、この子、お兄さんになって何か言っている。何だと思う？

C：さあ。

T：聞いてみようか。「えほんにあった　Aだよね」先生の返事は「あとで　いっしょに　みてみよう」我慢したら、先生が一緒に本を見てくれるんだって。

C：ふうん。まあ、それでも良いけど。

Point

思い立ったらすぐに行動に移してしまう子がいます。その行動は、絵カードで学んだらすぐに変化するという訳ではありません。しかし、学んだことは、先々の行動に変化を及ぼすと思います。分かることとできることは違いますが、小さな積み重ねとしてSSTを続けることをお勧めします。

12　嫌なことを言われたときには、大きな声で相手に「そんなことをいわないで」と言う。

2　こうするよりは

なにもしないのに
ぶつけた

1　こんなとき

おまえ
えも へただな

3　こうしてみては？

（1枚目を提示）

T：🔊「おまえ　えも　へただな」こんなことを言っているよ。どう思う？

C：腹が立つ。こっちのバスだって下手。

T：この子、嫌そうな顔、何か言いたそう。

C：言えば良いのに！

（2枚目を提示）

T：あっ、何も言わないでクレヨンを投げつけた！　さっきの子は🔊「なにもしないのに　ぶつけた」だって。先生が来たけど、クレヨンをぶつけたところしか見ていないね。

C：うん、この子、怒られるよ。
T：クレヨンをぶつけた子？　ぶつけないでどう言えば良かった？
C：そんなことを言うのは、やめろ！
T：そうね。まずは、きっぱりとやめてということが大切だね。

（３枚目を提示）
T：こっちでは　「そんなことを　いわないで」しっかり、言えているね。相手はどんな顔？
C：ちぇっ、っていう顔。
T：相手に物をぶつけたりするのではなく、きっぱりとやめてと言ったこと、先生も見てくれているね。
C：たまたまだけどね。

Point

衝動的で物をぶつけたり手が出てしまったりする子の指導例です。それを知って面白がって挑発する子も出てきます。こんなときには、こうではなく、こうするほうが良いのではという提案を続けてほしいです。

13 「さわってはいけない」と言われている物には触らず、代わりになる物を探す。

1　こんなとき

それに
さわらないでね

2　こうするよりは

はるの〜！
それは
おにんぎょうよう
ではないよ

3　こうしてみては？

じょうず
だね

（１枚目を提示）

T：「それに　さわらないでね」それって何？

C：これ。

T：……。これは何？　持っている箱の絵がヒント。

C：血が出たときに貼る。

T：そうそう、血が出たり痛かったりするときに貼る絆創膏ね。

C：そう。

（２枚目を提示）

T：「はるの〜！」お人形が怪我をしたんだね、どうしても絆創膏を貼りたいみたい。

C：痛いんだよ、ほら、血がいっぱい出ている。
T：「それは　おにんぎょうようでは　ないよ」先生がその絆創膏はお人形用ではないって。お人形用ってどんなのかな？
C：もっと可愛いの。
T：そうなの？　これはお人形用ではないから、お人形用を探さないとね。
C：あるの？

（3枚目を提示）
T：こっちでは　「これ　おにんぎょうの　ばんそうこう」女の子が自分で作っている。
C：可愛いの？
T：うん、先生もほめてくれている。「じょうずだね」
C：これで、痛いの治るね。

Point

たまたま置いてあった救急箱から絆創膏を取り出したようです。登場児は珍しい物を見つける能力に優れ、更に考える前に衝動的な行動をしてしまう子です。こういう場面はSSTのチャンスです。だめと言うだけでなく、代わりの方法をセットで提示してください。

14　大きな音が耳に響いて辛いときは、静かな所で休んで元気を取り戻してくる。

2　こうするよりは

うるさい〜！

1　こんなとき

3　こうしてみては？

おちついたら
かえってきてね

（１枚目を提示）

T：歌を歌っているね。この女の子は皆の声がうるさくて嫌なんだって。

C：ふーん。

T：○○ちゃんも、そんなことがあるって聞いたんだけど、そうなの？

C：あんまり。

T：みんなが大きな声で歌ったり合奏したりおしゃべりをしたりしていても平気？

C：うるさかったら、出て行くし。

（２枚目を提示）

T：「うるさい～！」他の子には平気な音も、この子にとっては辛いんだね。

C：まあね。

T：こんなときはどうしたら良いと思う？

C：……。

（３枚目を提示）

T：こっちではこの子、良い方法を思いついたみたい。聞いてみる？

C：まあ。

T：「しずかなへやに　いく」良い方法だね。黙って行くのではなく、ちゃんと先生に言ってから、行くのが特に良いね。

C：ふ～ん。

T：うるさい部屋で我慢するのは辛い。でも黙って部屋を出て行ったら先生が心配する。「おちついたら　かえってきてね」先生にもそう言ってもらえる。

C：そうかな。

Point

特定の音に苦痛や不快感がある聴覚過敏の子は一定数います。気付かれず、本人も自覚がないままその場を逃げ出す方法で、やり過ごしていることが多いです。周囲の配慮とともに「こんなときは、こうするよりも、こうしたら良いよ」と是非、この子たちに伝えてほしいです。

15　好きな楽器がすぐに使えないときは、他の楽器を楽しみながら順番を待つ。

1　こんなとき

2　こうするよりは

これがいい！
まだ　つかう！

3　こうしてみては？

あとでね

（１枚目を提示）

Ｔ：何をしている？

Ｃ：楽器で遊んでいる。

Ｔ：使ったことのある楽器はある？

Ｃ：全部。

Ｔ：こんなふうに、好きなように触れたら楽しいね。

Ｃ：うん、触ったことあるよ。

（２枚目を提示）

Ｔ：🔊「これがいい！」ウッドブロックだね。この子、これが良いんだ。でも、まだ他の子が使っているね。🔊「まだ　つかう！」って。

C：取ったらだめだよ。でも、ウッドブロックは人気あるよ。

T：そうなんだ。どうしたら良い？

C：終わるのを待つ。トライアングルも良い音するよ。

（3枚目を提示）

T：こっちでは、女の子はトライアングルを鳴らしている。ウッドブロックの子が女の子に　「あとでね」と答えている。女の子、何と言ったのかなあ？

C：次、貸してね。

T：「これもいい　それもあとでかしてね」その通りだったね。この楽器の音、聴いてみる？　どれかに音声ペンを当てると聴こえるよ。やってみて。

C：えっ、本当？

Point

順番に時間を決め、1つずつ触らせていけばトラブルは防げます。しかし、少人数で楽器の選択や時間の制限もなしに気になる楽器を触ることで、興味が広がるのも事実です。自分たちでルールを作って遊び出すなど、思わぬおまけも付きます。これはSSTというより保育の現場での課題ですが、その現実も知っておいていただければと思います。

6

連続絵カード

小学生低学年版１

言動と反応の対比

アクトボイスペン対応
ソーシャルスキルトレーニング絵カード—連続絵カード
SST絵カード—低学年版1
小学生低学年版1　言動と反応の対比
この家 つまらないから もう帰る
じゃ 帰って
①こんなとき
②こうするよりは
③こうしてみては?
編・著／ことばと発達の学習室M　発行／エスコアール

1　どうしたら良いか分からないときには、周りの子や先生に聞いてみる。

1　こんなとき

わすれた

2　こうするよりは

どうしよう

3　こうしてみては？

先生に言って
かしてもらうん
だよ

（１枚目を提示）

Ｔ：ここを読んでみて。

Ｃ：「わすれた」

Ｔ：🔊「わすれた」何を忘れた？

Ｃ：ランドセル？

Ｔ：ランドセルを見ながら言っているよ。（袋を指差して）これを忘れたのでは？

Ｃ：そうか、給食袋。

（２枚目を提示）

Ｔ：この子、下を向いている。「どうしよう」何か困っているね。

Ｃ：……。

Ｔ：隣の子は何をしている？

Ｃ：座って、棒を入れている。

Ｔ：今から給食。給食で使う棒ってなーんだ？

Ｃ：分かった、お箸。

Ｔ：そう、給食袋から箸箱を出して給食の準備をしている。（１枚目を指差して）この子は何を忘れた？

Ｃ：給食袋。

Ｔ：給食袋を忘れたから準備ができない。だから困っているんだね。

（３枚目を提示）

Ｔ：こっちでは男の子に何か言っているよ。何？

Ｃ：忘れたからそのお箸貸して。

Ｔ：うん。でも、貸したら男の子が食べられない。何と言ったか聞いてみようか。

Ｃ：うん。

Ｔ：「わすれたんだけど　どうしたらいい？」「先生に言って　かしてもらうんだよ」そうか、先生に借りに行けば、給食を食べられるね。

Ｃ：そうだね。

Point

絵カードは基本的に①「こんなとき」②「こうするよりは」③「こうしてみては？」の３枚組です。①この女の子は何か困っている様子　②１人で思い悩んでいないで　③誰かに相談したら解決方法が分かるかもしれない。そんな短いストーリー仕立てになっています。

2　いつも同じ子の失敗や弱点を言い立てるのは止め、気になるのなら解決の方法を伝える。

1　こんなとき

しゅくだいを
わすれた

2　こうするよりは

またわすれた
上ぐつもだし
そんなことばかり
言うな！

3　こうしてみては？

えへへ
それを
わすれるんだ

（１枚目を提示）

T：「しゅくだいをわすれた」って言っている。右のこの子は何をしている？

C：立っている。

T：そうだね、宿題を忘れた子を、そばで立って見ているね。

（２枚目を提示）

T：右の子、何を言っている？

C：「またわすれた　上ぐつもだし」

T：何を忘れたんだっけ？

C：宿題と上靴。

T：忘れた子はどんな様子？

C：グーしている。

T：そう。グーって力を入れて、怒って　「そんなことばかり　言うな！」と言ったんだね。

C：うん。

T：どうして怒っている？

C：……。

T：○○ちゃんは「また忘れた」とか「また失敗した」って言われたらどう？

C：嫌！

T：この子も忘れてしまったな、失敗したなって自分で分かっていることを人からも言われて嫌なのかもしれないね。

C：ふーん。

（3枚目を提示）

T：こっちでは笑顔で話しているよ。

C：うん。

T：右の子、何と言ったんだろう。

C：昨日テレビ見た？

T：うん、テレビの話も笑顔で話せるね。この絵では何と言っているか聞いてみようか。　「れんらくちょうに　書いている？」連絡帳に何を書くの？

C：テレビのこと！

T：うん、もう1回この絵を見て。宿題を忘れた子に　「れんらくちょうに　書いている？」って聞いている。何を書く？

C：宿題？

T：そう、その通り！　「えへへ　それをわすれるんだ」書くことも忘れるんだって。

C：だめじゃん。

Point

被指導児のように、場面の理解が不十分だと、このような突拍子もない答えが返ってくることもあります。しかし、自分の生活場面から想起した物ではあるのです。それはそれで受け止めながら、都度、絵カードの場面に立ち戻って考えるよう促してください。

3　給食時、嫌いな食べ物を床に落としたりせず、先生に一緒に対策を考えてもらう。

1　こんなとき

2　こうするよりは

おとすのは
やめよう

3　こうしてみては？

おさらに
のこしておいてね

（１枚目を提示）

T：女の子が給食を食べているよ。おいしそう？

C：食べてないよ。スプーンに載せている。

T：本当だね。載せて、どうしようって見ているね。

C：うん。

（２枚目を提示）

T：先生が来て　「おとすのは　やめよう」女の子は何をしている？

C：しいたけを落としている。

T：どうして落としているのかな？

C：ウエーッてなるから。

T：そうか、食べられないんだね。
C：そう。

（３枚目を提示）
T：こっちでは、女の子はおかずを落とさないで先生に何か言っているよ。
C：……。
T：先生は　「おさらに　のこしておいてね」女の子はどんな質問をしたんだと思う？
C：しいたけ捨てていいですか？
T：捨てていいですかと聞いたら、先生は捨てないで　「おさらに　のこしておいてね」と答えたんだね。良かったね。これで捨てなくても、食べなくてもすむね。
C：そうなんだ。
T：捨てていいですかの他にも、どんな聞き方があるか聞いてみようか。
「気もちがわるいにおいがする」
C：うん、しいたけって、そうだよ。
T：先生に食べられない理由を言うことは大事だね。

Point

隣の子の席に置いてあるメモ紙に注目してください。隣の子は牛乳と小麦のアレルギーがあり、他の子と同じシチューを食べることができないため栄養士さんが配慮して、チキンスープに変更されています。どうしても食べられないものは、無理をしてでも食べることが重要ではないことを、教師も支援者も心に留めておきましょう。

4　友達のおもちゃを壊したときには、まずは謝り、その後どうしたら良いかを相談する。

1　こんなとき

2　こうするよりは

もうとばないよ ほかにないの？
大じな ヘリコプター なのに ひどい

3　こうしてみては？

直したい 直るかどうか やってみるよ

（1枚目を提示）

T：この絵を見て。男の子２人で遊んでいる。何で遊んでいる？

C：ヘリコプター。

T：ヘリコプターが落ちたみたいだね。

C：うん。

T：右の子が、このコントローラーで動かしていて落ちたんだね。落ちたのを見てどんな顔？

C：ほーって顔。

T：ほー、落ちたっていう顔？　左の子はどんな顔？

C：あーって。

T：びっくりした顔？　もう一度右の子の顔を見て。わざと落としたの？

Ｃ：うん。

Ｔ：うん、わざとかもしれないけど、間違って落としたのかもしれない、どっちだろうね。このヘリコプターはどっちの子の物だと思う？

Ｃ：左の子、だから壊れてびっくりしている。

Ｔ：うん、そうだろうね。

（２枚目を提示）

Ｔ：ヘリコプターを落とした子は何と言っている？

Ｃ：「もうとばないよ　ほかにないの？」

Ｔ：🔊「もうとばないよ　ほかにないの？」左の子は何と答えた？

Ｃ：「大じな　ヘリコプターなのに　ひどい」

Ｔ：🔊「大じな　ヘリコプターなのに　ひどい」怒っているね。どうして怒っているの？

Ｃ：ひどいから。

Ｔ：何がひどいの？

Ｃ：大事なヘリコプターだから。

Ｔ：うん、ヘリコプターが壊れて左の子はショック。それなのに
🔊「もうとばないよ　ほかにないの？」なんて言うのはひどいよね。

（３枚目を提示）

Ｔ：こっちでは右の男の子は違うことを言ったみたい。何と言ったんだろう。

Ｃ：ごめんね。

Ｔ：何がごめん？

Ｃ：ヘリコプターを壊してごめんね。

Ｔ：ヘリコプターを壊したことを謝ったんだね。音声ペンで聞いてみようか。🔊「ごめん　どうしたらいい？　直せないかな？」友達のおもちゃが壊れて心配しているね。

Ｃ：うん。

T：「直したい　直るかどうかやってみるよ」直せてまたヘリコプターで遊べると良いね。

C：直らなかったら？

T：この上の羽根が取れただけなら直るよ、きっと。

Point

「わざとかもしれないけど、間違って落としたのかもしれない」このように場面だけではどちらかが分からないときは、「かもしれない」と断定しない言い方をするほうが適切です。

5　思ったことをそのまま言うのではなく、相手が傷つかない言葉に言い換えて伝える。

1　こんなとき

おもしろい
おもちゃがない

2　こうするよりは

この家
つまらないから
もう帰る
じゃ
帰って

3　こうしてみては？

分かった
またね

（1枚目を提示）

T：（指差しながら）この子、こっちの子の家に遊びに来ている。

C：遊んでいない。

T：あっそうだね。この家の子は人形で遊んでいるけど、遊びに来た子は遊んでいないね。このモクモクの吹き出しの中、思っていることが書いてある。何？

C：「おもしろいおもちゃがない」

T：🔊「おもしろいおもちゃがない」この子は人形遊びは面白くないんだね。

（2枚目を提示）

C：「この家　つまらないから　もう帰る」「じゃ　帰って」

T：先に読んでくれたね。「この家　つまらないから　もう帰る」って言ったら　「じゃ　帰って」って言われたね。

C：喧嘩みたい。

T：うん、喧嘩になってしまった。どうして怒ったの？

C：……つまらないから？

T：うん。帰るということより、つまらないと言われたことが嫌なのだろうね。

（3枚目を並べて提示）

T：こっちでは、喧嘩になっていないよ。女の子は笑顔で　「分かったまたね」って。何と言ったんだろう。

C：……。

T：聞いてみようか。「ごめん　そろそろ帰るね」帰るって言っているのに、どうして笑顔なのかな？

C：ごめんって言われたから許してあげた？

T：そうかもしれないね。「ごめん　そろそろ帰るね」用事があるのかな？　それなら仕方がないねと笑顔で言えたのかもしれないね。

Point

遊びに来るという言葉に反応して、遊んでいないと答える子はいます。こういうのを遊びに来ると言うのだと説明するのではなく、この家の子は人形で遊んでいるけど、遊びに来た子は今は遊んでいないねと、感じているだろうそのままを言葉にしてあげると良いです。

6　共同での作業時は、自分だけではなく他の人の都合にも合わせて行動する。

2　こうするよりは

パン
えぇっ
さい後まで
はこんでよ
あっ
パンやだ

1　こんなとき

3　こうしてみては？

パン

（１枚目を提示）

T：みんなで大きな机を運んでいるよ。何人で運んでいる？

C：４人。

T：大きいから４人くらいで運ばないと大変だろうね。

（２枚目を提示）

T：机を運ぶのを止めた。どうして？

C：「あっ　パンやだ」

T：🔊「あっ　パンやだ」この子がパン屋の車の音楽が気になって見に行ったんだね。１枚目の窓の外にもパン屋さんがいるよ。

C：本当だ。

T：緑の服の子は何と言っている？

C：「ええっ　さい後まで　はこんでよ」

T：「ええっ　さい後まで　はこんでよ」１人が抜けたから運べなくなって困っているね。

（３枚目を提示）

T：こっちでは、パン屋さんの音楽は聞こえているけど、机を運べているよ。

C：運ぶぞ。

T：そうだね、今はみんなで机を運んでいる。パン屋さんを見に行くときではないよね。「気になるけど　今はこのつくえを　はこぼう」そう思っているね。

Point

１枚目の絵には、窓の外にパン屋さんがいます。絵の中のさまざまな情報にも目を向けると、この子が音に反応していたことなどに気付き、場面の理解が深まります。

7　テストの答えを見せてくれないのは意地悪ではなく、当たり前のことだと知る。

１　こんなとき

見ないで！

２　こうするよりは

見せてくれない いじわる！
見たら だめなんだよ

３　こうしてみては？

（１枚目を提示）

Ｔ：○○くんは学校でテストを受けるよね？

Ｃ：うん。

Ｔ：これはテストのときね。この女の子どこを見ている？

Ｃ：隣の男の子のテスト。

Ｔ：そう。男の子も見られているって気付いて 🔊「見ないで！」って言っているね。

（２枚目を提示）

Ｔ：２人が言い合いをしているよ。それぞれ何と言っている？

Ｃ：「……せてくれない　いじわる！」「……たら　だめなんだよ」

T：🔊「見せてくれない　いじわる！」「見たら　だめなんだよ」女の子は意地悪だと言っているし、男の子はだめだよと言っている。男の子は意地悪？

C：テストは見ちゃだめ。

T：うん、テストは人のを見ないで、自分で考えて答えを書くんだよね。

（３枚目を提示）

T：こっちでは、女の子は鉛筆を持って自分のテストの問題を解いているね。モクモクの中、何だろう。

C：テスト中はしゃべっちゃだめなんだよ。

T：モクモクは声を出してないから大丈夫。🔊「テストは　自分の力をためす　ものだね」そう心の中で思っているんだよ。

Point

音声ペンを使った指導の場合は特に、🔊のところは、確認のために何度か聞かせてあげてください。注意や集中力、その持続力の弱い子には特に、🔊は強力なツールになります。音声ペンを使わない場合も、思い切り声色を駆使して、せりふを読み上げることをお勧めします。

8　言われたことに腹が立っても、暴言や暴力ではなく気持ちや考えを伝えることで解決する。

１　こんなとき

へんな　ひこうき

２　こうするよりは

ばか　うるさい
いたい　先生に　言うからね

３　こうしてみては？

そうなんだ　へんって言って　ごめんね

（１枚目を提示）

T：絵を描いているね。何か言っているよ。何？

C：「へんな　ひこうき」

T：🔊「へんな　ひこうき」これ、変な飛行機？

C：……。

T：変なのって笑われたら嫌だろうね。

C：……。

T：男の子の顔を見てみて、どんな顔？

C：何か、言いたい顔。

（２枚目を提示）

Ｔ：男の子は何と言った？

Ｃ：「ばか　うるさい」って。

Ｔ：そう言っているね。男の子の手を見て。何をした？

Ｃ：叩いた？

Ｔ：うん。🔊「ばか　うるさい」って言って女の子を叩いたんだね。
女の子は　🔊「いたい　先生に　言うからね」何を言うの？

Ｃ：痛いの。

Ｔ：男の子に叩かれた。痛いって？

Ｃ：そう。

Ｔ：（１枚目を指差して）こんなことがあったのに、男の子だけ怒られたら、可哀そうだね。

Ｃ：うん。

（３枚目を提示）

Ｔ：こっちでは、男の子は叩かないで何か言っているよ。何？

Ｃ：わからない。

Ｔ：聞いてみようか。🔊「これ　すい直びよく　むずかしかったんだよ」
難しい言葉だね。（指差しながら）垂直尾翼っていうのはこれのことね。大好きな飛行機の絵を描いたんだね。難しかったんだって。

Ｃ：ふーん。

Ｔ：それを聞いて女の子は何と言っている？

Ｃ：「そうなんだ　へんって言って　ごめんね」

Ｔ：🔊「そうなんだ　へんって言って　ごめんね」謝ったね。男の子の話を聞いて、変って言って悪かったなと気付いたのかな。

Ｃ：うん。

Point

登場児のように「垂直尾翼」など、難しい言葉を知っている子はいます。しかし、被指導児がその言葉を知っているとは限らないので、必要に応じて言葉の意味を補足するようにしてください。この指導例のような場合は、垂直尾翼はこれだと指差すと良いです。

9　意地悪で叩かれたように感じても、そうではない場合があることを知る。

1　こんなとき

2　こうするよりは

いたい
やめろよ!

3　こうしてみては？

ごめん
いたかった?
先生が
よんでいるよ

（1枚目を提示）

T：この女の子、先生に太郎君を呼んで来てって頼まれたんだって。男の子に気付いてほしくて、肩をトントンと叩いたんだね。

C：男の子ちがう。太郎君。

T：女の子、トントンしながら男の子……太郎君に何と言ったのかな？

C：太郎君、先生が呼んでいるよ。

（2枚目を提示）

T：太郎君は何をしている？

C：バンって叩いた。

T：どうして叩いた？

C：だって痛いから。

T：（１枚目を指差しながら）トントンってされたのが痛くて、男の子も「いたい　やめろよ！」って叩いてしまったんだね。

C：男の子と違う。太郎君。

T：ごめん、太郎君。

（３枚目を提示）

T：こっちでは、男の……太郎君は叩き返さずに何か言っているよ。何？

C：痛くないですよ。

T：うん、何と言ったか聞いてみようか。「いたいよ　何か用じ？」

C：痛かったの？

T：そう言っている。でも用事があるから、トントンしたと気付いたね。女の子は何と答えた？

C：「ごめん　いたかった？　先生が　よんでいるよ」

T：「ごめん　いたかった？　先生が　よんでいるよ」男の子に謝ってから、先生が呼んでいるということも言えたね。

C：太郎君。

T：男の子……太郎君に「先生が呼んでいる」ってことが伝わったね。

C：うん。

Point

登場児に名前をつけると、それに気を取られて内容理解が曖昧になることもあります。第三者的にこの子と呼ぶほうが混乱は少ないですが、何らかの都合で名前をつけてしまった場合は、最後までその名前で呼ぶようにしてください。

10　係決めのとき、自分と同じように他の子にも希望があることを知り、互いが納得できる方法を相談して決める。

1　こんなとき

ぼく くばりがかりがいい！
ぼくも！
はんのなかの かかりぎめ

2　こうするよりは

だめだ ぼくがくばりがかりってきめた
ずるいよ
はんのなかの かかりぎめ

3　こうしてみては？

それならじゃんけんできめよう
はんのなかの かかりぎめ

（１枚目を提示）

T：黒板に何と書いてある？

C：「はんのなかの　かかりぎめ」

T：班の中のそれぞれの係を決めているんだね。この子たち何と言っている？

C：「ぼく　くばりがかりがいい！」「ぼくも！」

T：「ぼく　くばりがかりがいい！」「ぼくも！」２人とも配り係になりたいんだね。

（２枚目を提示）

Ｔ：青い服の子は何と言った？

Ｃ：「だめだ　ぼくがくばりがかりって　きめた」

Ｔ：どうしても配り係をやりたいみたい。「だめだ　ぼくがくばりがかりって　きめた」それを聞いて、もう１人の子は何と言っている？

Ｃ：「ずるいよ」

Ｔ：「ずるいよ」ずるいの？

Ｃ：うん。

Ｔ：どうしてずるいの？

Ｃ：この子も配り係が良いのに勝手に決めたから。

Ｔ：そうなんだ。勝手に決めるのは、ずるいんだね。

（３枚目を提示）

Ｔ：こっちでは　「それなら　じゃんけんできめよう」どんなことを言ったんだろう。

Ｃ：「それなら　じゃんけんできめよう」

Ｔ：青い服の子だよ？

Ｃ：違う、この子がじゃんけんできめようって言ってるから、この子は何を言ったのか、今から考えるの。

Ｔ：ごめん。先生の早とちりだった。

Ｃ：えーっと、じゃんけんか、あみだくじにする？

Ｔ：良いね。相手もそう思ってくれそうな方法を考えたね。この子は「かさなったね　どうする？」だって。

Point

この場面の「それなら　じゃんけんできめよう」などのように、子どもは内言語をそのまま声にしてしまうことがよくあります。指導者も、子どもの話やその意図をしっかり聞くようにしたいものです。

11　「しずかにして」と注意してきた女の子に怒るのではなく「どうして　そう言ったのか」を考える。

1　こんなとき

大じなことを
言います
しずかに
して
あのね

2　こうするよりは

いつも
ちゅういばかり
する
頭にくる
だから
しずかに
してよ

3　こうしてみては？

（1枚目を提示）

T：先生が　「大じなことを　言います」男の子と女の子は何と言っている？

C：女の子が「しずかにして」、男の子が「あのね」です。

T：先に話したのはどちら？

C：男の子ですか？

T：うん。男の子が　「あのね」と話しかけたから、女の子が　「しずかにして」と言ったんだろうね。女の子の指、どういう意味？

C：シーッ。普通それくらい知っています。

（２枚目を提示）

Ｔ：男の子と女の子が大きな口を開けて話しているよ。何と言っている？

Ｃ：「いつも　ちゅういばかりする　頭にくる」と「だから　しずかにしてよ」です。

Ｔ：🔊「いつも　ちゅういばかりする　頭にくる」🔊「だから　しずかにしてよ」頭にくるってどういうこと？

Ｃ：頭がイライラすることです。

Ｔ：どうして頭がイライラしたのかな？

Ｃ：注意ばかりだと、イライラするのが普通だからです。

Ｔ：なるほど。先生はどうしている？

Ｃ：両手を広げています。

Ｔ：両手を広げて困った顔をしているね。

Ｃ：目の前で喧嘩が始まったら、普通は仲裁をしなければいけないからです。

Ｔ：１枚目では、先生はこれからどんな話をしようとしていた？

Ｃ：大事なことです。

Ｔ：喧嘩の仲裁もだけれど、先生は他にも困っていることがありそう、何？

Ｃ：……。大事なことを言いたいのに、喧嘩も仲裁しなければいけない、ですか？

Ｔ：そう。大事なことを言いたいのに、喧嘩で聞ける状態ではないので困っているのかもしれないね。

（３枚目を提示）

Ｔ：こっちでは、男の子は黙っている。何を考えているのかな？

Ｃ：大事な話だなー、ですか？　話している内容が分からないので、普通は分かりませんよ。

T：ごめん、その通りだね。では聞いてみようか。「今は　お話を聞くときだな」話してもいいときと、聞くだけのときがあるので、今はどちらのときなのか考えることは大事だね。

C：普通そうです。

Point

被指導児は「普通」を多用しています。本当にそう思って言っている場合もありますが、そう言われ続けたため、自分を守るために使っている場合もあります。価値としての普通が良いのではなく、その子が本当はどう思っているのかに耳を傾けてあげてください。

12　相手に不注意があっただけではなく、自分も注意しなければならなかったことを知る。

1　こんなとき

あっ

2　こうするよりは

ふむなよ！
ごめんなさい

3　こうしてみては？

ごめんね
わたしも
気をつけるね

（1枚目を提示）

T：これは教室の出入り口。何があったの？

C：女の子が「あっ」と言って、男の子が立っている。

T：女の子はどうして　🔊「あっ」って言ったの？

C：ふふ、変な声。

T：変な声に聞こえたね。この女の子はどこを見ている？

C：もう１回！

T：🔊「あっ」女の子はびっくりしているね、どうして？

C：ふふっ、もう１回。

T：🔊「あっ」女の子の足元を見て。何かを踏んだ。何？

C：何これ？　袋？　あっ、ランドセル緑だ。俺のランドセルは黒に銀色のステッチが入っている格好良いやつだよ。見てみたい？　持ってこようか？

T：黒なの？　このランドセルは緑だね。これは、誰の？

C：緑は男の子のだろう。

T：女の子が男の子の緑のランドセルについている袋を踏んでしまったんだね。

C：そうかな。

（２枚目を提示）

C：あっ、殴っている。いけないんだ。しかもグーじゃん。でもグーより肘のほうが固いから相手にダメージ与えたいときは、肘でこうやったほうが良いんだよ。

T：この男の子はグーだね。どうして女の子を殴ったの？

C：踏んだからじゃん。「ふむなよ！」って言っているし。

T：「ふむなよ！」女の子は殴られて痛いはずなのに　「ごめんなさい」だって。

C：（１枚目を見ながら）やっぱり踏んでいる。

T：後ろを見て。女の子はこの入り口から教室に入ろうとして、そこに置いてあったランドセルの袋を踏んだみたいだよ。

C：ふーん。

T：わざと踏んだの？

C：それは知らない。

T：うん。いきなりパンチされて女の子はどう思っているだろう？

C：痛いってなる。

T：痛いね。でも踏んでしまったことをとっさに　「ごめんなさい」謝ったんだね。

（３枚目を提示）

T：こっちでは、女の子は何を言っている？

C：「ごめんね　わたしも　気をつけるね」

T：「ごめんね　わたしも　気をつけるね」何に気を付けるの？

C：知らん。飽きた。

T：じゃあ今日は、この男の子のモクモクの言葉を聞いておしまいね。

C：やったー。

T：「ここにおいた方が　いいね」えっ、どうして？

C：踏まれないように。

T：歩く所に物を置いたら、気付かずに踏まれるかもしれないものね。
今日はこれでおしまい。

C：えっ、もう終わり？　もう１個、やりたい。

Point

転導性の強い被指導児の指導例です。気持ちや言葉が他に向いてしまったときは、その中から１つの言葉を拾い上げ、それを使って次の場面や質問に誘導してみてください。

13　答えを間違えて×になっても、テスト用紙を破り捨てたりするのではなく、どうすれば良いのかを知る。

1　こんなとき

×が
たくさん
ある

2　こうするよりは

×ばかりして
先生は
いじわるだ

3　こうしてみては？

T：今から漢字テストをします。

C：えっ！

T：ごめん、本当だと思った？

C：……。（不信の目）

（１枚目を提示）

T：漢字テストを返してもらったところね。

C：「エックスが　たくさんある」エックスなんかひとつもないよ。

T：あれ？　🔊「×が　たくさんある」エックスではなくバツって言っているよ。

C：バツは１つもない。チェックがあるだけ。

T：本当だ。まあ、このチェックも×と同じで間違いってことね。

C：ふーん。

T：女の子は漢字テストを持っているけど、男の子が持っているのは何？

C：白い紙。

T：うん。テストの裏側は白いよね。表側は漢字テストなのと違う？

C：ふーん。

（２枚目を提示）

T：女の子、何を破っているの？

C：漢字テスト。

T：そう、どうして破ったのかな？

C：お母さんが、あらあらまたか、って言うから。

T：あらあら、残念って？　この女の子は別のことに怒っているみたい。読んでみて。

C：「×ばかりして　先生は　いじわるだ」

T：🔊「×ばかりして　先生は　いじわるだ」先生って、意地悪で×をするの？

C：……。

T：１枚目を見て。合っているところはちゃんと○だね。

C：うん。

T：○のテストは嬉しいけど、×がいっぱいだと嫌だね。嫌だから破ってしまったのかな。

C：意地悪は？

T：×がいっぱいで嫌だったから　🔊「×ばかりして　先生は　いじわるだ」と思った？

C：ふーん。

（3枚目を提示）

T：こっちでは、女の子がテストを指差しているよ。このモクモク、何を考えている？

C：×はいくつあるかな。

T：そうかもしれないね。どこが間違っているのかな？　正解はどんな漢字かな？　って考えているかも。聞いてみようか。「どんな字だったかな」男の子はどんなことを考えていそう？

C：あちゃー、間違えちゃったー！

T：上手い！　悔しがっている顔だね。

Point

×とチェックの意味、テストの表と裏の違いなど、見えたそのままをとらえて反応してしまう被指導児の指導例です。絵の場面状況やその子の過去の経験などと結びつけながら説明をしてみてください。

14　一番ではなくても怒らず、そういうこともあるのだと気持ちを切り替える。

1　こんなとき

じゅんびが 出来た人から ならんでね

2　こうするよりは

いたい やめてよ
ぼくが 一番

3　こうしてみては？

（1枚目を提示）

T：ニコニコ顔の女の子がいるね。この先生は何と言っている？

C：「じゅんびが出来た人から　ならんでね」

T：「じゅんびが出来た人から　ならんでね」ニコニコ顔の女の子は、準備ができたから並んでいるのだろうね。

C：「じゅんびが出来た人から　ならんでね」

T：そう、この女の子の後ろに、準備ができた子がどんどん並んでくるのね。この男の子も準備ができたから並びに来たね。

C：そう。

（２枚目を提示）

Ｔ：(指差しながら）この子、女の子を突き飛ばしたよ。何と言っている？

Ｃ：「ぼくが　一番」

Ｔ：「ぼくが　一番」そうだっけ？

Ｃ：２番。

Ｔ：悔しくて、女の子を突き飛ばしたのかな。

Ｃ：そう。

Ｔ：突き飛ばされた女の子は　「いたい　やめてよ」痛そうだね。

Ｃ：そう。

（３枚目を提示）

Ｔ：こっちでも男の子が並んでいる。何番目？

Ｃ：２番目。

Ｔ：１番ではなくても並べているね。どう思いながら並んでいるのか聞いてみよう。「ざんねん　今日は一番のりじゃ　なかった」残念だと思っているけれど、怒っていない、良い顔だね。

Ｃ：そう。

Point

１番にこだわる子は多いです。この被指導児も１番でないと許せない子です。そんな子も、客観的に事実を提示していく中で、１番にこだわって女の子を突き飛ばした子のおかしさに気付いていきます。言葉少なに「そう」と答えているのは、そのような背景があるからです。

15　大切な物もいつかは壊れることがあるのだと考え、気持ちを切り替える。

1　こんなとき

2　こうするよりは

こわれたらこのよはおしまいだ

3　こうしてみては？

（1枚目を提示）

T：男の子が遊んでいるよ、何をして遊んでいる？

C：SL ごっこ。

T：SL のおもちゃで遊んでいるね。この SL、何か変わったところはない？

C：線路の上を走っていない。

T：それもあるね。ここ、棒が外れてしまっているよ。

C：本当だ。

（2枚目を提示）

T：男の子が泣いている。どうして泣いている？

C：壊れたから。

T：そうかもしれないね。「こわれたら　このよは　おしまいだ」とっても大事なSLなんだね。この世がおしまいだって思えるくらいに。

C：この世って何？

T：うーん、毎日のこと。昨日とか今日とか明日とか。え〜っと、おもちゃが壊れたら今日は終わる？　明日は来ない？

C：来る。

T：この世はおしまいにはならないけれど、この子にはそう思えるのだろうね。

（３枚目を提示）

T：こっちは、壊れたおもちゃを大事そうに持っているね。何を考えているんだろう。

C：壊れたけれど、この世はおしまいではない。

T：「こわれても　このよは　おしまいにはならない」すごい！　同じことを言っているね。直せるといいね。

C：うん。

Point

１度失敗すると自暴自棄になり、すべてを投げ出してしまう子がいます。理由としては、見通しを持つことの苦手さ、自分で解決策を思いつく力の弱さなどがあります。失敗をしても、次にはその失敗を活かして新たな挑戦をすることもできるのだと、気付いてほしいです。

連続絵カード

小学生低学年版２

言動と反応の対比

アクトボイスペン対応
ソーシャルスキルトレーニング絵カード―連続絵カード
SST絵カード―低学年版２
小学生低学年版２　言動と反応の対比
しらせる
すぐにげる
おおごえをだす
のらない
いかない
①こんなとき
②こうするよりは
③こうしてみては？
編・著／ことばと発達の学習室M　発行／エスコアール

1　言わないと分からないので、外出のときにはお母さん（お家の人）に、行き先と帰る時刻を伝える。

1　こんなとき

どこに行くの？
何時に帰って
来るの？

2　こうするよりは

お母さんは
何でも分かるん
でしょう？
教えてくれないと
分からないよ

3　こうしてみては？

分かった
気をつけてね

（１枚目を提示）

Ｔ：玄関のドアを開けて外に行こうとしているね。お母さん、何と言っている？

Ｃ：「どこに行くの？　何時に帰って来るの？」

Ｔ：「どこに行くの？　何時に帰って来るの？」何も言わないで外に行こうとしているから、どこに行くかを聞いているんだね。

Ｃ：うん。

（２枚目を提示）

Ｔ：女の子、何と言っている？

Ｃ：「お母さんは　何でも分かるんでしょう？」

T：「お母さんは　何でも分かるんでしょう？」お母さんは何が分かっているの？

C：どこに行くか。

T：お母さんには、この子が今から行く所が分かるの？

C：うん。

T：お母さんに聞いてみるよ。「教えてくれないと　分からないよ」お母さん、女の子が教えてくれていないから、分からないって。

C：そうなの？

（３枚目を提示）

T：こっちでは、女の子は　「さくら公園に行く　４時に帰って来る」お母さんは　「分かった　気をつけてね」公園に行くと教えてくれたら、帰るのが遅くて心配なときは迎えに行けるね。

C：そうなんだ。……朝、学校に行くときも場所と時間を言うの？

T：学校は毎朝のことだから行ってきますでいいよ。

C：でも何時に帰るか分かるの？

T：時間割を見れば、だいたいは分かるから大丈夫だよ。

Point

登場児は自分が知っていることは、お母さんも全部知っていると勘違いしています。お母さんは、いつも通りのことや話に聞いていることは知っていますが、そうでなければ分からないのは当然です。被指導児も同じような理解度なので再確認が必要です。

２　教室にいなかったお母さん（お家の人）は知らないので、宿題は自分で連絡帳に書いて帰る。

１　こんなとき

今日のしゅくだい
何だった？
そんなの
分からないよ

２　こうするよりは

どうして
分からないん
だよ！
教室に
いなかった
からよ

３　こうしてみては？

そうしようね

（１枚目を提示）

T：学校から帰ってきて、お母さんとお話をしている。何と言っている？

C：「今日のしゅくだい　何だった？」

T：🔊「今日のしゅくだい　何だった？」お母さんはどんな返事？

C：「そんなの　分からないよ」

T：🔊「そんなの　分からないよ」何が分からない？

C：今日の宿題。

T：お母さんには男の子の宿題が何かは、分からないんだね。

C：うん。

（2枚目を提示）

T：男の子、怒った顔。何と言っている？

C：「どうして　分からないんだよ！」

T：🔊「どうして　分からないんだよ！」お母さんはどうして分からない？

C：男の子のことだから。

T：えっ、どういうこと？

C：宿題は男の子のこと。お母さんのことではない。あっ……教室にいない。

T：🔊「教室に　いなかったからよ」お母さんは教室にいなかったから、宿題は何かを聞いていないんだね。

C：そりゃあ、そうだ。お母さんが教室にいたら、変だよ。

（3枚目を提示）

T：こっちでは、男の子は連絡帳を持っているね。宿題を忘れない良い方法を見つけたみたい。何だと思う？

C：連絡帳に書く。

T：そうだね。🔊「教室で聞いたとき　書いて帰るしかないね」🔊「そうしようね」

C：うん。ぼくは面倒だから覚えて帰るけどね。

T：えーっ！

C：うそぴょーん。

T：……。

Point

被指導児も当初は「お母さんはどうして分からない？」との質問に「男の子のことだから」と曖昧な返事をしますが、途中で、お母さんは教室にいなかったから聞いていないことに気付きます。その後のふざけた返答での照れ隠しはよくある反応です。

3　友達が留守のときは家の中に入らず、そのお家の人に用事だけ伝えて帰る。

1　こんなとき

あそびに 来たの
今 家にいないよ

2　こうするよりは

べつに かまわないよ
今いないから だめよ

3　こうしてみては？

あそびに来たって 言っておくね

（１枚目を提示）

T：友達の家に遊びに来た。友達のお母さんとお話をしている。読んでみて。

C：「あそびに来たの」「今　家にいないよ」

T：🔊「あそびに来たの」 🔊「今　家にいないよ」誰が家にいないの？

C：お母さん、いるよ。

T：うん。お母さんは家にいる。でも子どもは今、家にいないよってことだよ。

C：お母さんだけで、子どもはいないのか。

（２枚目を提示）

T：家にいないと言われて、女の子は何と言っている？

C：「べつに　かまわないよ」

T：🔊「べつに　かまわないよ」お家に入ろうとしている。何がかまわないの？

C：……。

T：友達がいなくてもかまわない。１人で遊ぶからってことかな。このお母さんもそれでいいのかな？　どう言っている？

C：「今　いないから　だめよ」

T：🔊「今　いないから　だめよ」今、子どもは家にいないから遊べないよっていう意味だね。

C：いなくても１人で遊べるよ。

T：うん、自分の家でなら１人で遊ぶね。でもよその家の中に入ってまで、１人で遊ぶ？

C：ううん。

（３枚目を提示）

T：こっちは、お家に入らないで、帰ろうとしているね。

C：自分の家と違うから、１人で遊べないから帰る。

T：そう。🔊「また　来るね」別の日にまた来るねということだね。

C：ふーん。

T：友達のお母さん　🔊「あそびに来たって　言っておくね」誰に言うの？

C：友達。

T：うん。🔊「あそびに来たって　言っておくね」どうしてそう言うの？

C：ん？

T：友達は、女の子が遊びに来たことを知っている？

C：知らないのか。だからそう言うんだ。

Point

登場児は「今　家にいないよ」の意味が分からず、「べつに　かまわないよ」と答えます。自分とよその家との区別が曖昧で、１人で遊べるからと中に入ろうとまでします。言葉の裏の意味や暗黙のルールを、生活の中で自然に学ぶことが難しい子は少なくないです。

4　家に来たお客さんに対していきなり話しかけたりせず、まずは挨拶をする。

1　こんなとき

2　こうするよりは

おばさんは だれ？
おみやげは 何？

3　こうしてみては？

大きく なったね
おみやげに プリンを もって来たよ

（１枚目を提示）

Ｔ：学校から帰って来たよ。右側はお母さん、帰って来たら、お母さんに何という？

Ｃ：ただいま。

Ｔ：お母さんはお帰りって言ってそうだね。左の人はお客さんかな。

（２枚目を提示）

Ｔ：お客さんに何と言っている？

Ｃ：「おばさんはだれ？　おみやげは何？」

Ｔ：「おばさんはだれ？　おみやげは何？」お母さんの手を見て。ちょっとやめなさいって止めている。どうしてだと思う？

C：……。

T：お客さんに挨拶をしないで、いきなり話し出したからびっくりしたのかもしれないね。

（３枚目を提示）

T：こっちは、女の子はお客さんに挨拶。何と言う？

C：こんにちは。

T：うん。「こんにちは」その挨拶に答えるようにお客さんには「大きくなったね　おみやげに　プリンをもって来たよ」と言ってもらえたね。

C：小さいよ。

T：身体はまだまだ小さいね。でも、大きくなったねという言葉には、もう小学生になったんだねとか、挨拶ができる賢い子になったねという意味もあるんだよ。

C：ふーん。

Point

　登場児は、机の上の紙袋が気になり、いきなり話しかけてしまいます。１年生ならまずは挨拶をし、その後に「おみやげは何？」ではなく「これは何？」と質問するくらいなら、少しは許されるかもしれません。しかし成長とともに、場に応じた話し方が求められるようになります。

5　良く知っている人に出会ったときには、その場にふさわしい挨拶をする。

1　こんなとき

お帰り

2　こうするよりは

3　こうしてみては？

さむいね
かぜを
ひかないようにね

（１枚目を提示）

T：この女の子、学校の行きと帰りのどちらだと思う？

C：帰り。

T：どうして？

C：お婆さんが「お帰り」って言っているから。

T：🔊「お帰り」そうだね。

（２枚目を提示）

T：あれ？　女の子はどうしている。

C：ただいまって言わない。

T：お返事をしないね。どうしてだろう。

C：まだ家に着いてないから、ただいまじゃない。

T：だから、何も言わないの？　でも、お婆さん、不思議そうな顔。

（３枚目を提示）

T：こっちは、お婆さんに笑顔で話している。何と言っていると思う？

C：えっと、バイバイ。

T：家に着いたのではないから、そう言ったのね。「ただいま」そう言ってもいいよ。返事があったから、お婆さんも「さむいね　かぜをひかないようにね」と話しかけてくれたね。

Point

まだ家に着いていないから、ただいまと言うのはおかしいと言う子はいます。吹き出しのせりふは１例です。子どもたちの発想を大切にし、こう言えば良いではなく、この子はどう言っているか聞いてみよう、こんな言い方もあるね、と提案する立場に徹することをお勧めします。

6　周りにいる子も並んでいることを理解し、気持ちを抑えて一番後ろに並ぶ。

1　こんなとき

2　こうするよりは

あっ！ずるい
あく手して

3　こうしてみては？

つぎなんだドキドキする

（１枚目を提示）

T：猫の握手会だよ。

C：わーい。

T：今、この女の子が握手をしている。他の子はどんな様子？

C：楽しみ。

T：この女の子を入れて何人並んでいる？

C：２、３、……４人？

T：最後の男の子、今、走って来たところだね。

（２枚目を提示）

T：走って来た子はどうしている？

C：「あく手して」って嬉しそう。

T：「あく手して」この子を見て、周りの子はどんな様子？

C：ええっ、おかしいよって顔。猫さんだけ笑顔。

T：本当だね。猫さんの他は、どうしておかしいって顔なの？

C：この子は後から来た。順番抜かししたから。

T：そうなんだ。「あっ！　ずるい」って言われているね。

（３枚目を提示）

T：こっちでは、走ってきた子、並んでいるね。何と言っているのだろうね。

C：まだかな、早く、早く。

T：「早くあく手をしたい　でも　じゅん番だね」そう言って待てているね。「つぎなんだ　ドキドキする」前の子も早く握手をしたい気持ちは同じだね。

C：猫さんはずっと同じ顔。ドキドキしない。

Point

登場児は自分の思いが強く、周りが見えにくい子です。４人の中では大きいほうですが、周りの状況を認知理解し行動する力の育ちがまだ弱いようです。育ちは一人ひとり違います。弱さを補い、普段の生活の中で活用する一助として SST があるのです。

7　電車で、人を押しのけてまで座席に座ろうとせず、立つべきときは立っておく。

1　こんなとき

2　こうするよりは

3　こうしてみては？

（１枚目を提示）

Ｔ：電車に乗り込むところ、男の子は何をしている？

Ｃ：走っている。

Ｔ：どうしてだと思う？

Ｃ：嬉しいから。

Ｔ：男の子の他にはどんな人がいる？

Ｃ：男の人とお婆さんと女の人。

（２枚目を提示）

Ｔ：走っていた男の子はどうしている？

Ｃ：座っている。

T：走ったのは座ろうと思ったからかな。一緒に乗って来た他の人はどうしている？

C：立っている。

T：立っている男の人はこの子のお父さん。お父さんがこの子に何か言いたそう。何だと思う？

C：静かに座っていなさい。足をバタバタしたらだめだよ。

T：それは大丈夫そうだね。ねぇ、この座っている女の人、立って誰かに席を譲ろうとしている。誰に譲るの？

C：誰って……あっ、分かった。この寝ているお婆さん。

T：寝ている？　本当だ、目をつむっているね。眠いのかな、疲れているのかな。

C：眠いのと違う？

（3枚目を提示）

T：こっちでは、お婆さん、ニコニコしている。男の子、何を言ったんだろう。

C：座っていいですよ。座って寝てください。

T：「どうぞ　すわってください」そうだね。疲れていても眠くても、座れると助かるね。ニコニコ顔で男の子を見ているね。

C：うん。

Point

空いている席を見つけたら、椅子取りゲームの感覚で走って行ってでも座りたくなるものです。絵カードは、登場児の行動と周りの状況を客観的視点で捉えるのに役立ちます。

8　だますつもりの人もいるので、きっぱりと断っても良いときがあることを知る。

1　こんなとき

そのさいふを
見せて

2　こうするよりは

見せるだけなら
いいよ
一カ月ほど
見せてね

3　こうしてみては？

親に知られたら
まずい

（１枚目を提示）

T：女の子が持っているもの、何か分かる？

C：財布ですか？

T：そう。財布を見つけたお兄さんお姉さん、何と言っている？

C：「そのさいふを　見せて」です。

T：🔊「そのさいふを　見せて」やさしく声をかけてきたんだね。

C：はい。

（２枚目を提示）

T：女の子は何と言っている？

C：「見せるだけなら　いいよ」でも、財布を持って行こうとしています。

T：「見せるだけなら　いいよ」「一カ月ほど　見せてね」どういうこと？

C：１カ月、持って行くということです。

T：このお姉さん、１カ月たったら、返してくれるのかな？

C：忘れると思います。

T：忘れるかもしれないし、中のお金を使ってしまっているかもしれないね。

C：それは泥棒です。

T：そうね。最初から女の子の財布を取り上げるために見せてと言ったのかもしれないね。

C：その可能性はあります。

（３枚目を提示）

T：こっちでは、後ろ向きで何か言っているよ。何と言っていると思う？

C：取るつもりですか？　嫌です！

T：嫌だと言ったのね。大切な物は簡単に人に渡さないほうがいいね。他にもどんな言い方があるか聞いてみようか。「お父さんがわたしたらだめって言っていた！」お父さんって言ったね。

C：どうしてですか？

T：「親に知られたら　まずい」このお姉さんたち、小さい子なら簡単にだませるけど、大人が出てくるとまずいなと思ったのでは？

C：ぼくは、簡単にだまされないです。

T：うん、そう思う。でも、気を付けてね。

Point

被指導児は、低学年ながら一定の善悪の価値判断もできる子です。しかし一方で、簡単に相手を信じてしまう面も持っています。絵カードを使用し、場面を客観的に見ることで、場面の意味や他者の意図などを学んでほしいと思います。

9　知らない人の車には絶対に乗らず「いかのおすし」を思い出し行動をする。

２　こうするよりは

いいよ

１　こんなとき

えきまで
あん内して

３　こうしてみては？

しらせる
すぐにげる
おおごえをだす
のらない
いかない

（１枚目を提示）

Ｔ：女の子が歩いていたら、知らない人の車が止まった。車の中の人は何と言っている？

Ｃ：「えきまで　あん内して」

Ｔ：🔊「えきまで　あん内して」道に迷ってしまったのかな。

Ｃ：大人なのに迷子？　案内ってあんまんみたい。どのコンビニのがおいしいと思う？　俺ね……

Ｔ：じゃあ、駅前のコンビニ。この子、駅まで案内する？

（2枚目を提示）

T：あっ、「いいよ」と言って車に乗り込んだよ。

C：コンビニのあんまん買うの？

T：車に乗ったけど、この後どうなると思う？

C：買う！　駅まで連れて行ってもらうの。

T：女の子が連れて行ってもらうんだった？

C：そっか、女の子が連れて行ってあげる。

T：前に乗っている大人２人の顔を見て。男の人、どんな顔？

C：横のほうを見て口がまっすぐじゃない。

T：案内ありがとう、助かるよって言ってそうな顔？

C：分からない。

（3枚目を提示）

T：こっちは、女の子は車に乗らず　「行きません」といって走って車から離れてしまった。

C：用事を思い出したから。

T：そうかもしれない。でも、危ないって思ったのかもしれないよ。

C：どうして？

T：この人たち、本当は道に迷ったのではなく、私を誘拐しようとしているのかもしれないって気が付いたのかな。

C：えー。

T：本当にそうかもしれないよ。道に迷って困ったような顔をして近づいてきたのかもしれない。ここの赤い字を左から読んでみて。

C：い・か・の・お・す・し。なんでお寿司？　俺はお寿司なら納豆巻きが好き。ポテトとあと、茶碗蒸しを頼む。

T：うん、このいかのおすしはもっと面白い、縦読み。いかない。のらない。おおごえをだす。すぐにげる。しらせる。何のことだか分かる？

C：分からない。

T：知らない人に声をかけられたとき、どうしたらいいかってこと。一緒に読んでみようか。

T & C：いかない。のらない。おおごえをだす。すぐにげる。しらせる。

T：先生が誘拐する役をする。「いかのおすし」で答えてみて。ねーねー、駅前のコンビニであんまんを買ってあげる。行こう。

C：行かない。

T：行こうよ、車に乗って。

C：乗らない。

T：大声で言って、すぐ逃げて知らせるんだね。

C：あんまんは？

T：……。

Point

この被指導児はやや転導性が強い子です。本当に理解してくれたかどうか不安なときは、機会を見て再度チャレンジしてみてください。返答と理解度は必ずしも一致しているとは限りません。そんなの、初めから分かっていたとの答えが返ってくることもしばしばです。

10 「机に落書きをしない」というのは「椅子なら良い」という意味ではなく「机であっても椅子であっても落書きそのものをしない」という意味だと知る。

1　こんなとき

つくえに
らく書きをしたら
だめなんだよ

2　こうするよりは

それなら
いすにする
いすもだめ

3　こうしてみては？

自ゆうちょうは
どう？

（1枚目を提示）

T：男の子は何をしている？

C：机に絵を描いている。

T：女の子は何と言っている？

C：「つくえに　らく書きをしたらだめなんだよ」

T：「つくえに　らく書きをしたらだめなんだよ」そうなの？

C：そう。

（２枚目を提示）

T：男の子は何をしている？

C：ふっ。そうじゃないって。

T：そうじゃない？

C：机はだめだからって、椅子に書いている。変なの。

T：「それなら　いすにする」女の子　「いすもだめ」って。

C：そりゃそうだ。

（３枚目を提示）

T：こっちでは、男の子は消しゴムを持って、何か言っているよ。何？

C：うーん、これ消すね、かな。

T：机に書いたらだめだって気が付いたんだね。椅子もだめだって気が付いているかな？

C：さあ。

T：男の子、何と言っているか聞いてみようか。「どこになら　書いてもいいの？」女の子は何と答えている？

C：「自ゆうちょうは　どう？」

T：「自ゆうちょうは　どう？」○○ちゃんなら、どう答える？

C：自由帳ならいいよ。

T：良い答え。

Point

登場児は、机に落書きしたらだめを字義通りに捉え、机がだめなら椅子にと考えてしまう子です。被指導児がそういう子ではないときは、こんな勘違いをしている子がいたら、どんな風に伝えてあげればよい？　と考えさせてあげるのも良いと思います。

11　「何でも食べる」というのは、単純に「何でも食べる」ことではなく「健康のために色々な食べ物を食べる」という意味だと知る。

1　こんなとき

すききらいを
しないで
何でも食べましょう

2　こうするよりは

ふはいした
ものでも
食べるのですか?
そういういみでは
ありません

3　こうしてみては？

そうです
色々なえいようを
とるためにね

（1枚目を提示）

T：先生は何と言っている？

C：「すき、き、らい、を、し、ない、で……」

T：なん

C：「なんで、もた、べましよう」

T：そうだね。「すききらいをしないで　何でも食べましょう」

C：「食べましょう」

（２枚目を提示）

T：この男の子の言っていることを聞いてみるよ。指で追いながら聞いてね。「ふはいしたものでも　食べるのですか？」もう１回　「ふはいしたものでも　食べるのですか？」ふはいって何か分かる？

C：分からない。

T：腐って悪くなった物ってこと。

C：そんなの、お腹が痛くなる。

T：そうだね。この先生の言葉も指で追ってみてね　「そういういみでは　ありません」もう１回　「そういういみでは　ありません」

C：……？

T：何でも食べるというのは、腐ったものも食べるということではないんだね。

C：ふーん。

（３枚目を提示）

T：こっちでは、腐ったものも食べるのはおかしいと気が付いて、違う質問をしているよ。「きらいなものでも　食べるどりょくをするということですか？」

C：努力？

T：食べてみようとすること。先生は　「そうです　色々なえいようをとるためにね」だって。

C：ふーん、そうなんだ。

Point

被指導児は文字を読む力は弱いけれども、耳から聞いて意味を理解する力はある子です。このような場合は、どこに書いてあるのかを意識させながら、言葉を聞かせてあげることを大事にしてください。

12　ゴミ拾いの目的は、ゴミを数多く集めることではなく、ゴミをなくしきれいにすることだと知る。

1　こんなとき

紙くずを
20くらい
ひろいましょう

2　こうするよりは

5
6
7…
この中から
ひろおう

3　こうしてみては？

みんなで
ひろうと早いね

（1枚目を提示）

T：図工の後かな、床に色紙がいっぱい落ちているね。先生が　「紙くずを 20 くらい　ひろいましょう」だって。

C：うん。

（2枚目を提示）

T：先生がびっくりした顔をしているよ。何だと思う？

C：「この中から　ひろおう」だから。

T：「この中から　ひろおう」拾ったらどうして、びっくり？

C：うん？

T：男の子はどこから何を拾っている？

C：青いバケツから色紙を拾っている。

T：そう、青いバケツのゴミ箱から色紙の紙くずを拾っている。これで床の紙くずは減る？

C：ううん。

T：女の子のほうを見て。「5　6　7…」って数を数えているよ。何の数？

C：紙くず。

T：そう。床の紙くずを数えながら拾っているね。床の紙くずは減る？

C：うん。

（３枚目を提示）

T：こっちでは、女の子、笑顔で何と言っている？

C：「みんなでひろうと　早いね」

T：「みんなでひろうと　早いね」

C：あ、先生も拾っている！

T：本当だ！　１人 20 ずつ紙くずを拾ったら早くきれいになるね。

C：ふーん。

T：「14　15　16…」男の子もゴミ箱ではなく床の紙くずを拾っているね。もう落ちていない？

C：うん。

Point

登場児は「紙くずを 20 くらい　ひろいましょう」との言葉の意図が分からなかったようです。被指導児も、青いゴミ箱から色紙を拾う行動のおかしさに気付けません。同じタイプの２人ですが、被指導児は「あ、先生も拾っている！」と先生の手元に気付いています。情報の関連付けは弱くても、細部に気付く力は持っているということです。

13 「何回　言わせるの！」は回数を聞いているのではなく「何回も　言っているのに　まだ分からないの！」という意味だと知る。

1　こんなとき

走らない！
何回言わせるの！

2　こうするよりは

3回！
どうしていつも
そんな答え方を
するの！

3　こうしてみては？

しつもんを
されているのでは
なさそうだ
そうよ ごめん
はじめから
そう言えば
よかったね

（1枚目を提示）

T：この絵、何をしている？

C：先生が「走らない！　何回　言わせるの！」って言っている。あと、走っている子と踊っている子がいる。

T：先生は誰に　🔊「走らない！　何回　言わせるの！」と言っているの？

C：走っている子と踊っている子。

T：うん、女の子は踊っているように見えるね。先生の声にびっくりしているのかもしれないね。

（２枚目を提示）

T：男の子のほうは　「３回！」何が３回？

C：先生が「走らない！」と言った回数。

T：男の子ははっきり答えているのに先生は怒っている。「どうして　いつも　そんな答え方をするの！」そんな答え方って何？

C：３回。

T：うん、この先生の「走らない！　何回　言わせるの！」は何回かという質問ではないんだよ。

C：えっ、そうなの？

（３枚目を提示）

T：こっちでは　「しつもんをされているのではなさそうだ」と気付いたみたい。ではどういう意味かなあ？

C：分からない。

T：聞いてみようか。「『何回も言っているのに　まだ走るのをやめないの』といういみ？」

C：えっ、どうして？

T：先生は、回数を答えてほしかったのではなく、廊下は走ると危ないから走らないで歩いてほしかったんだよ。

C：それなら、そう言ったら良いのに。

T：うん、その通りだね。先生も　「そうよ　ごめん　はじめからそう言えばよかったね」って気付いたね。

Point

被指導児の言う通りです。指導者が遠回しな話し方をすることで、混乱する子は少なくないです。「走ったらお友達にぶつかるかもしれないよ。ここは狭いので、ぶつからないように歩こう」とストレートに伝えてほしい場面です。

14 「粘土を持って帰る」とは、粘土だけではなく粘土ケースや粘土板などの粘土セットを持って帰ることだと知る。

1　こんなとき

今日は ねん土を もって帰って下さい

2　こうするよりは

3　こうしてみては？

（１枚目を提示）

T：先生、何と言っている？

C：今日はねんつちをもって帰ってくだらい。

T：うん。🔊「今日は　ねん土を　もって帰って下さい」って。

C：うん。

T：○○ちゃんは、先生に、🔊「今日は　ねん土を　もって帰って下さい」と言われたら何と返事をする？

C：はーい。

T：良い返事。

（２枚目を提示）

Ｔ：先生が、えっ！　と慌てた顔をしているよ。どうして？

Ｃ：分からない。

Ｔ：女の子、ランドセルに粘土だけ入れて、粘土ケースと粘土板は入れていないね。

Ｃ：？

Ｔ：先生が粘土を持って帰ってくださいって言ったから、粘土だけランドセルに入れて持って帰ろうとしたみたい。

Ｃ：ははは、おかしい。

（３枚目を提示）

Ｔ：こっちでは、女の子　「ねん土セットを　もって帰るんだね」だって。先生、今日は粘土セットを持って帰ってくださいって言ったのかな。

Ｃ：それなら、この子も間違えないよね。

Point

粘土を持って帰ってくださいと言われたら、粘土だけ持って帰ろうとする子。体操服を持って帰ってくださいと言われたら、わざわざ袋から体操服を出して、それだけ持って帰ろうとする子。言葉を字義通りに捉えればそうなります。低学年時には特に、省略せずに粘土セット、体操服袋と言ってほしいです。

15 「カードを落としたらバスに乗れないよ」というのは「カードをなくさないように気をつけて」という意味だと知る。

1　こんなとき

このカード
おとしたら
バスにのれないよ

2　こうするよりは

もうバスに
のれない
そういう
いみではない

3　こうしてみては？

なくなった
わけでは
ないからね

（1枚目を提示）

T：女の子がバス停でカードを渡されているよ。何のカードだろう？

C：分からない。

T：聞いてみようか。「このカード　おとしたら　バスにのれないよ」このカードはバスに乗るためのバスカードだね。

（2枚目を提示）

T：見て。女の子、カードを下に落とした。「もう　バスにのれない」って言っている。

C：落とすとバスに乗れないの？

T：落としても、また拾えばバスに乗れるよね。

C：うん、拾えば良い。

T：落として、そのままなくしたらバスに乗れる？

C：乗れない。

T：🔊「もう　バスにのれない」🔊「そういういみではない」お母さんが言ったのはどういう意味？

C：拾えば大丈夫。なくしたら、乗れない。

（３枚目を提示）

T：こっちでも、女の子はカードを下に落としてしまったね。だけど、今度は泣いていない。

C：拾えばバスに乗れる。

T：そうだね。🔊「おとしたけど　ひろえば　バスにはのれる」🔊「なくなったわけでは　ないからね」お母さんもなくなったのではないから、大丈夫だと教えてくれているね。

C：うん。

Point

登場児は言葉の裏の意味を読み取ることが難しい子です。「このカード　おとしたら　バスにのれないよ」には、落としてなくさないように持っておいてね、という意味があるわけですが、この子は乗れないという否定的な言葉で、不安になってしまったのです。「カードを使ってバスに乗るから、しっかり持っておいてね」と伝えると良いのです。

8

連続絵カード

小学生中学年版 1

言動と反応の対比

アクトボイスペン対応
ソーシャルスキルトレーニング絵カード―連続絵カード
SST絵カード―中学年版 1
小学生中学年版 1　言動と反応の対比
やめてよ
①こんなとき
②こうするよりは
③こうしてみては?
編・著／ことばと発達の学習室 M　発行／エスコアール

1　今、周りに居なくても、落とし物や忘れ物の持ち主はどこかに存在するのだということを知る。

1　こんなとき

良いもの
見つけた

2　こうするよりは

これ
ほしかったんだ
それ
ぼくのボール
だから 返して

3　こうしてみては？

ボールあった
良かった

（１枚目を提示）

T：男の子が　「良いもの　見つけた」何を見つけた？

C：良いもの。

T：うん、良いものだね。これ何？

C：サッカーボール。

（２枚目を提示）

T：サッカーボールを見つけた子、何と言っている？

C：「これ　ほしかったんだ」

T：「これ　ほしかったんだ」でも、左の子が何か言っている、何？

C：「それ　ぼくのボールだから　返して」

T：「それ　ぼくのボールだから　返して」ボールを見つけた子は、この左の子のボールだと知っているの？

C：見つけたと言っていたから、知らないと思う。

T：きっとそうだね。

（３枚目を提示）

T：こっちは、サッカーボールはベンチの下にそのまま。男の子はどんなことを思っているのかな？

C：ボールがあるな。誰のかな。忘れ物かな。

T：聞いてみようか。「これ　ほしかったんだ　でも　だれかのボールだね」他の男の子が走ってきて　「ボール　あった　良かった」だって。忘れた所にそのままあってよかったね。

C：うん。

Point

　登場児は、想像することが難しい子です。ボールには持ち主がいるはずだということは念頭になく「良いもの　見つけた」と言ってしまいます。被指導児はある程度分かっている子です。こういう子には、なくして困っている子の姿に目を向けさせてみるのも良いと思います。

2　思っているだけでは自分の気持ちは伝わらないので、口に出して伝える。

1　こんなとき

チャボを見に行きたいなあ

2　こうするよりは

行くよ
えっ どこに行くの？

3　こうしてみては？

うん 行きたい

（1枚目を提示）

T：学校で２人の女の子が遊んでいる。何をしているか分かる？

C：うん。

T：何？

C：……。

T：あやとりをしているね。

C：うん。

T：こっちの子、何か考えながら遊んでいる。何と書いてある？

C：「チャボを見に行きたいなあ」

T：「チャボを見に行きたいなあ」学校で飼っているチャボを見に行きたいと思ったんだね。

C：うん。

（２枚目を提示）

T：あやとりをやめてしまったよ。２人はどんな話をしている？

C：「行くよ」「えっ　どこに行くの？」

T：「行くよ」どこに行くの？

C：チャボ。

T：左の子は　どうして　「えっ　どこに行くの？」と言ったの？

C：……。

T：こっちの子、チャボを見に行きたいことを、左の子に話した？

C：ううん。

T：そうだね。思っただけで、話していなかったね。

（３枚目を提示）

T：こっちは、話しているよ。左の子、何と答えている？

C：「うん　行きたい」

T：「うん　行きたい」だって。こっちの子、どう言って誘ったのかな？

C：チャボ。

T：うん、聞いてみるよ。「チャボを見に行きたい　一しょに行かない？」「うん　行きたい」

C：「うん　行きたい」

Point

被指導児は、文字を読むことはできますが、適切な単語を想起し口に出すのが難しい子です。このような子には、読む機会や音声を聞かせてあげる場を多く持つようにしてください。

3　約束を忘れていたことに気付いたときには放置しないで、相手に連絡を取る。

1　こんなとき

約束を
わすれていた

2　こうするよりは

わすれていたけど
まあ良いか
どうしたん
だろう
もう10分も
すぎたのに

3　こうしてみては？

約束だから
待っていたよ

（１枚目を提示）

Ｔ：女の子が何か言っているよ、読んでみて。

Ｃ：「約束をわすれていた」

Ｔ：🔊「約束をわすれていた」何時に誰と約束をしていたの？

Ｃ：３時半にこの子と約束をしていた。

Ｔ：そうだね。

Ｃ：だって、ここに書いてある。

（２枚目を提示）

Ｔ：忘れていたことに気付いた女の子、どうしたの？　読んでみて。

Ｃ：「わすれていたけど　まあ良いか」

T：「わすれていたけど　まあ良いか」約束の相手の子は、どう言っている？

C：「どうしたんだろう　もう10分もすぎたのに」

T：「わすれていたけど　まあ良いか」「どうしたんだろう　もう10分もすぎたのに」約束相手の子、待っているんだね。

C：そうだよ。

（3枚目を提示）

T：こっちでは、待ち合わせの場所に行ったみたいだね。約束は何時だったっけ？

C：3時半。

T：よく覚えているね。この絵の時計は何時？

C：3時45分。

T：何分、遅れている？

C：えっと、15分？

T：15分遅れたけれど、約束の場所に行ったんだね。相手の子は15分間、待っていてくれたね。右の子、何と言ったと思う？

C：15分遅れた。

T：うん、聞いてみようか。「わすれていた　待たせてごめんね」ずっと待っていてくれた。ごめんね、ってことだね。

C：そうだよ。

T：待っていた女の子　「約束だから　待っていたよ」って。良い友達だね。待たされても怒ってもいない。

C：そうなんだ。

Point

登場児と同様に被指導児も、約束相手の状況を想像する力が弱い子です。この絵カードで学んだことを実生活の場面で活かせるようになるには時間がかかるかもしれませんが、繰り返しの問いかけを続けてほしいと思います。

4　誘っても断られるときがあることを知り、その場合は、また誘いたいという気持ちを伝えておく。

1　こんなとき

今日　一しょに　遊ぼう
今日は　遊べない

2　こうするよりは

せっかく わたしが さそって あげたのに
さそって あげた？ その言い方は ひどい

3　こうしてみては？

うん また今度ね

（1枚目を提示）

T：学校から帰る時間、どんな話をしている？

C：「今日　一しょに　遊ぼう」「今日は　遊べない」

T：🔊「今日　一しょに　遊ぼう」と誘ったけど、🔊「今日は　遊べない」って断られたんだね。どうしてだろう？

C：えっと、習い事があるとか？

T：そうかもしれないね。遊ばないではなくて、今日は遊べないと言っているから用事があって遊べないのかもしれないね。

（2枚目を提示）

T：２人の顔を見てみて。どんな表情をしている？

C：２人とも大きな口。怒っている？

T：言い合いをしているように見えるね。どんな言い合いか読んでみて。

C：「せっかく　わたしが　さそってあげたのに」って右の子が言って、左の子は「さそってあげた？　その言い方はひどい」って。

T：「せっかく　わたしが　さそってあげたのに」右の子が怒っている理由は何？

C：遊ばないと言った。

T：左の子はひどいと言った理由は何？

C：誘ってあげたって言った。

T：１枚目の場面で、遊ばないと遊べないは違うという話をしたね。では、誘ってあげたのにと誘ったのには違う？

C：うん。誘ってあげたのには上から目線。

T：難しい言葉を知っているね。その通りだと思うよ。

（３枚目を提示）

T：こっちは、２人とも笑顔。断られた後どんな言い方をしたら、こんな風にニコニコと話が続けられるのかな？

C：分からない。

T：聞いてみようか。「また今度　遊べたら遊ぼう」そう言われてどう答えている？

C：「うん　また今度ね」

T：「うん　また今度ね」これなら、今日は遊べないけれど、また今度、遊べそうだね。

C：うん。

Point

どんな言葉が相手を傷つけたり、喧嘩の原因になったりするのかを、その理由とともに知ることは、この絵カードのテーマの１つでもあります。どう言えばお互い和やかに会話や良い関係を続けられるか、具体的な言葉についても考える機会を大切にしたいです。

5　どうしても参加したくないときには、相手に納得してもらえるような断り方をする。

1　こんなとき

サッカーを しようか
したくないな

2　こうするよりは

サッカーなんか ぜっ対にしない！
こわっ！

3　こうしてみては？

分かった また遊ぼうな

（1枚目を提示）

T：３人で何をして遊ぶか相談中。真ん中の子は　「サッカーをしようか」と言っているね。右の子は　「したくないな」と思っているんだね。うまく決まると良いね。

C：うん。

（2枚目を提示）

T：右の子、何と言っている？

C：「サッカーなんか　ぜっ対にしない！」

T：「サッカーなんか　ぜっ対にしない！」相手の子はどんな様子？

C：「こわっ！」

T：言い方が　「こわっ！」ってことなんだね。

C：そうだと思う。

（3枚目を提示）

T：こっちはどう？

C：笑っている。怖がっていない。

T：「分かった　また　遊ぼうな」と言っているね。何が分かったんだと思う？

C：？

T：右の子、バイバイをしているね。何と言ったか聞いてみよう。「ごめん　今は　サッカーはしたくない　またね」何がごめんなの？

C：サッカーをしたくないこと。

T：うん、一緒にサッカーをして遊べなくてごめんってね。「ごめん　今は　サッカーはしたくない　またね」「分かった　また　遊ぼうな」怒ったり怖がったりせずに、みんなニコニコだね。

C：うん。

Point

この絵カードは、サッカーをしたくない登場児が、ストレートにそれを伝えて、その場を離れるという内容です。他の遊びを提案するなど、全員が納得できる解決策もあるはずです。それを考えるのも良いと思います。

６　「くつを　かくせ」などと命令されても、それを受け入れずにキッパリと断る。

１　こんなとき

あいつのくつを
かくせ

２　こうするよりは

お前
やるなあ
それは
ゴミ箱の底の方に
入れて来い！
分かった
いやだな

３　こうしてみては？

チェッ
面白くない

（１枚目を提示）

Ｔ：男の子が言っている言葉を読んでみて。

Ｃ：「あいつのくつを　かくせ」

Ｔ：🔊「あいつのくつを　かくせ」あいつって誰？

Ｃ：女の子。

Ｔ：どうして隠したいの？

Ｃ：意地悪したいから。

Ｔ：うん、どうして、その意地悪を自分でせずに、人に命令してさせようとしている？

Ｃ：やらせることも意地悪になるから一石二鳥。

Ｔ：えっ、そうなの。この子、どう答えるかな？

C：まだ何も言っていない。

T：断ってほしいね。どう答えるのかな。次を見てみよう。

（2枚目を提示）

T：命令された子、どう答えたか読んでみて。

C：「分かった」「いやだな」なんか変、違うことを言っている。

T：上は声に出している。下のモクモクは心の中で思っていること。男の子は返事の言葉と心の中が一緒じゃないってことだね。

C：そうか。

T：男の子は　「分かった」と返事。靴を隠せという命令を聞いてしまったんだね。

C：そういうこと。

T：でも気持ちは　「いやだな」なんだね。やりたくないけど、命令されたからやっているんだね。

C：そうなんだ。

T：それを見て、命令した子は何と言っている？

C：「お前　やるなあ　それは　ゴミ箱の底の方に入れて来い！」

T：「お前　やるなあ　それは　ゴミ箱の底の方に入れて来い！」命令が増えたね。このままだと、どんどん命令が増えていきそう。

C：さすがに、もう嫌だって言わないと！

T：言ってほしいね。

（3枚目を表示）

T：こっちでは　「チェッ　面白くない」と言っているよ。命令された子、何を言ったのだろう？

C：面白くないこと。

T：うん、確かに……。この子にとっては面白くないことだろうね。右の子の顔を見てみて。眉毛がつり上がってキリッとした顔をしている。

C：うん。

T：左の子は、何を面白がっていた？

C：靴を隠すいたずらと命令。

T：そう、それができないのが、面白くないのでは？

C：そうだ！　ぼくはやらないと断ったんだ。

T：「くつかくしは良くないよ　やめようよ」断られたから　「チェッ面白くない」と言ったんだね。友達の言うことを聞くのは仲良くなるための１つの方法だけれど、これは命令。これは違う、やらないほうが良いなと思ったらはっきりと断る。大事なことだね。

C：そりゃそうだ。

Point

主に命令された側の子の心情を探る指導例です。「言ってほしいね、こうなるといいね」と口にすることは、被指導児がその子の立場での、気持ちや言動について考えるきっかけにもなります。登場児に似た気弱な被指導児には、時には、このような指導も良いと思います。

7　大切な物は見えない所にしまっておくか、触らないように伝える。

1　こんなとき

これ
すごいね

2　こうするよりは

勝手にさわるな
もう帰れ！
何だよ
それなら帰る！

3　こうしてみては？

そうなんだ
元にもどして
おくね

（1枚目を提示）

T：（左の子を指差して）この子、遊びに来て船を見つけた。「これすごいね」何がすごいのかな？

C：大きいから？

T：こんな船、初めて見たのかもしれないね。（右の子を指差して）この家の子はどんな様子？

C：ビクッて驚いている。

（2枚目を1枚目に重ねて提示）

T：驚いて、怒ってしまった。何と言っている？

C：「勝手にさわるな　もう帰れ！」

Ｔ：「勝手にさわるな　もう帰れ！」（左の子を指差して）遊びに来た子は、そう言われて何と答えた？

Ｃ：「何だよ　それなら帰る！」

Ｔ：「何だよ　それなら帰る！」（右の子を指差して）この家の子は触ってほしくなかったの？　帰ってほしかったの？

Ｃ：触ってほしくなかった。

（３枚目を提示）

Ｔ：こっちは、喧嘩にはなっていない。（左の子を指差して）遊びに来た子、何と言っている？

Ｃ：「そうなんだ　元にもどしておくね」

Ｔ：「そうなんだ　元にもどしておくね」（右の子を指差して）この家の子は何と言ったのだろう。

Ｃ：船を元に戻して。

Ｔ：そんなジェスチャーだね。２人の会話を続けて聞いてみようか。「この船は　かざってあるんだ　さわらないでね」「そうなんだ　元にもどしておくね」これなら触ってはいけないものだったからやめようって思うよね。

Ｃ：うん。

Point

この指導例のように、登場児を指差して「この家の子」「遊びに来た子」などの説明を付け加えながら話すという方法も分かりやすいです。

8　自分の過失で教室の物を壊してしまったときは、まずは謝る。

1　こんなとき

2　こうするよりは

ぼくは悪くない
こんな所に置くのが悪い！
こんな所って…

3　こうしてみては？

けががなくて良かった もうやめようね

（1枚目を提示）

T：男の子が教室の中で、ボールを蹴って水槽を落としてしまった。水槽は元々どこにあったの？

C：ここ、棚の上。

T：ここで金魚を飼っているんだろうね。男の子、驚いている。どうして？

C：ボールが当たったから。

T：当てたのではなく、当たったんだね。わざとではないんだね。

C：いや、そもそも教室の中でボールを蹴るのは禁止。わざとでなくてもだめでしょう。

T：なるほど。

（２枚目を提示）

Ｔ：男の子は何と言っている？

Ｃ：「ぼくは悪くない　こんな所に置くのが悪い！」

Ｔ：「ぼくは悪くない　こんな所に置くのが悪い！」わざとではない。ボールが当たるような場所に置いてあるのが悪いって言っているね。先生は　「こんな所って…」驚いているね。

Ｃ：そりゃ、そうだよ。

（３枚目を提示）

Ｔ：こっちでは、男の子が謝っていそう。どんなことを謝っているのだろう。

Ｃ：ボールを蹴ったこと。

Ｔ：「教室でボールをけって　すみませんでした」本当だ。そう言って謝っているね。ボール禁止のルールを破ったから謝っているのかな。

Ｃ：そう。

Ｔ：先生も　「けががなくて良かった　もうやめようね」と心配をしてくれている。

Ｃ：そのほうが良い感じだね。

Ｔ：うん。まあ、この子は失敗してしまったけれど、こうしたらどうなるかを冷静に考えて行動することは大事だね。

Point

普段は、自分本位の考え方で、他者を責めてしまいがちな子も、このように絵カードを使い、登場児の行動を客観的に見て、冷静な判断ができることもあります。

9　一緒に使っていたボールがなくなったときは、自分の物ではなくても、責任をもって一緒に探す。

1　こんなとき

ボール
見つからないね

2　こうするよりは

わたしのじゃ
ないし いいや
もう帰る
えっ
一しょに
遊んでいたのに

3　こうしてみては？

明日も一しょに
さがしてくれるの
ありがとう

（1枚目を提示）

T：女の子が２人で何かを探しているよ、何を探しているの？

C：ボール。「ボール　見つからないね」って。

T：🔊「ボール　見つからないね」もう、夕方だね。ずっとボールを探しているのかもしれないね。

C：へー。

（2枚目を提示）

T：もう探すのをやめるみたい、何と言っている？

C：「わたしのじゃないし　いいや　もう帰る」「えっ　一しょに遊んでいたのに」

Ｔ：「わたしのじゃないし　いいや　もう帰る」「えっ　一しょに遊んでいたのに」どっちの子のボール？

Ｃ：（左の子を指差して）こっちの子。

Ｔ：悲しそうな顔をしているね。どうして？

Ｃ：もっと遊びたいから。

Ｔ：「わたしのじゃないし　いいや　もう帰る」そう言われたのが悲しいような気がする。

Ｃ：あっ、そうかも。

Ｔ：もう暗いし、この子だけではなく、ボールの持ち主の子も帰りたいよね。

（３枚目を提示）

Ｔ：こっちは、ボールの持ち主も悲しそうな顔ではないよ。「明日も一しょにさがしてくれるの　ありがとう」だって。この子、何と言ったんだろうね？

Ｃ：明日探そう。

Ｔ：そうだね、聞いてみよう。「ごめん　もう暗いし　明日さがそう」

Ｃ：やった、当たった。

Ｔ：明日、一緒に探して、見つかるといいね。

Ｃ：うん。

Point

辺りはもう暗くなりかけています。「わたしのじゃないし　いいや　もう帰る」と言ってしまった子の、帰りたい理由のもう１つは暗くなったことだと考えられます。このように会話だけではなく絵カードに描かれた他の情報の中にも、気持ちを読み取るヒントがあるのです。

10　物を借りたりもらったりしたときにはお礼を言い、返すことが可能な物は返す。

1　こんなとき

こっちののりも
もう無いよ

2　こうするよりは

次までに
買っておいて
えっ！

3　こうしてみては？

うん
ありがとう

（１枚目を提示）

T：🔊「こっちの　のりも　もう無いよ」これ、誰ののり？

C：（右の子を指差して）この子の。

T：🔊「こっちの　のりも　もう無いよ」他に空っぽののりはない？

C：あー、これ。

T：だったら、こののりは誰の？

C：だったら（左の子を指差して）この子の。あれ？　はさみはね、こうやって閉じて置くんだよね。危なくないように。

T：２人ともそうしているね。のりは……。

C：でも、なんで隣の子ののり、使ってるの？

T：自分ののりが空っぽだから。隣の子ののりを使おうとしたのかな。

Ｃ：そうか。ねー、これ何？　イヤホン？

Ｔ：なんだろうね、次の絵を見たら分かるかもしれないよ。

（２枚目を提示）

Ｔ：右の子が何か話しかけている。何と言っているか読んでみて。

Ｃ：「次までに　買っておいて」

Ｔ：「次までに　買っておいて」何を買ってほしい？

Ｃ：お母さんじゃないから、買えないよ。

Ｔ：お母さんに頼んでということかな。

Ｃ：お金をもらって、自分で買えば良いのに。

Ｔ：うん、それでも良いね。ここを見て　「次までに　買っておいて」と言われて、相手の子は　「えっ！」とびっくりしている。どうして？

Ｃ：さあ？　ねーねー、イヤホン１個しかないよ、やっぱりなくしちゃったんだ。

Ｔ：気になるね。これは、イヤホンではなくスカートの下に貼る足みたいだよ。「えっ！」とびっくりしたのは、使うのが当たり前のように買っておいてと言われたからかな。

（３枚目を提示）

Ｔ：こっちでは、びっくりしないでお礼を言っているよ。「うん　ありがとう」どんなことを言ったのだろう。

Ｃ：うーん、のり舐めてみる？

Ｔ：どうだろう。難しいから聞いてみようか。「たくさん使ってごめんね　次のときは　わたしのを使ってね」だって。それを聞いて、隣の子は何と言ったんだっけ？

Ｃ：「うん　ありがとう」

Ｔ：「うん　ありがとう」次のときは私のを使ってねと言ったらお礼を言ってくれたんだね。

Ｃ：ふーん。

11　相手が嫌がっている気持ちをくみ取り、自分の行いを改める。

1　こんなとき

やめてよ

2　こうするよりは

面白いだろう？
子どもが
おじさんに
なったよ
やめてと
言ったのに

3　こうしてみては？

面白い顔
これに
かいてみて！
じゆうちょう

（1枚目を提示）

T：これは授業中と休み時間中のどっち？

C：休み時間。後ろに立っている子がいる。

T：そうね。女の子が「やめてよ」と言っているけど何を止めてほしいの？

C：落書き。

T：男の子はどんな顔をしている？

C：うーん、普通？

T：意地悪をしているという感じではないね。

Point

好奇心と転導性が強く、話題があちこちにいってしまう
児です。好奇心に付き合いながらも、本筋から外れてしま
よう軌道修正をしながら進めていってください。

（２枚目を提示）

T：男の子が何か言っているよ？　読んでみて。

C：「面白いだろう？　子どもがおじさんになったよ」

T：🔊「面白いだろう？　子どもがおじさんになったよ」満足そうな顔だね。面白いことをしたと思っているのだろうね。

C：うん。

T：女の子は何と？

C：「やめて　と言ったのに」って、怒っている。

T：🔊「やめて　と言ったのに」男の子は満足そうなのに、女の子は怒っているんだね。

C：だって、落書きされたら嫌だから。

T：女の子は教科書を大切にしたい子で、男の子は落書きは気にしない子なのかな。

（３枚目を提示）

T：こっちは、男の子、何をしている？

C：消し消しって。

T：落書きを消しているね。何と言っているんだろうね。

C：落書きをしてごめんね。

T：１枚目で「やめてよ」と言ったので、女の子が嫌がっていることに気付いたのかな。🔊「ごめん　教科書への落書きは　いやだよね」自分は平気でも、相手が嫌がっているならやめないとね。女の子、笑っているね。何と言っている？

C：「面白い顔　これに　かいてみて！」

T：🔊「面白い顔　これに　かいてみて！」女の子は、教科書に落書きをされるのは嫌だけど、面白いのは好きなんだね。

C：そうなんだ。

Point

自分が面白くても、相手は面白くないかもしれない。この指導例は、まずは自分と人とは感じ方が違うかもしれないということに気付くきっかけになります。そこに気付いて初めて、他者の感じ方や思いを尊重する姿勢が、育っていくのだと考えます。

12　否定的なことばかり言うのは避け、肯定的なことを探して伝える。

1　こんなとき

この服
買ってもらったの

2　こうするよりは

変な色
ダサい！
何よ
あなたの服
だって！

3　こうしてみては？

そうなの
そこが
気に入ったの

（1枚目を提示）

T：左の女の子が笑顔で何か言っているよ、何と言っている？

C：「この服　買ってもらったの」

T：🔊「この服　買ってもらったの」嬉しそうだね。

C：うん。

（2枚目を提示）

T：今度は、さっきの子は怒った顔になっている。何を言っている？

C：「何よ　あなたの服だって！」

T：🔊「何よ　あなたの服だって」って怒っているね。右の子は何を言ったの？

C：「変な色　ダサい！」

T：🔊「変な色　ダサい！」気に入っている服にそう言われて　🔊「何よ　あなたの服だって」と怒って言い返したんだね。このまま、どんどん大喧嘩になってしまいそう。

C：……。

（３枚目を提示）

T：こっちは、２人ともニコニコ顔。右の子、何と言ったのかな？

C：似合っているね。

T：うん、良い言い方だね。服の好みはそれぞれだから、自分は好きでも他の人は嫌い、他の人は嫌いでも自分は好きということはあるからね。🔊「エリが　かわいいね」自分が好きなところを言ったんだね。左の女の子は何と答えた？

C：「そうなの　そこが気に入ったの」

T：🔊「そうなの　そこが気に入ったの」

C：へえ、好きなところを見つければ良いんだ。

T：それなら、嘘ではないし、喧嘩にもならないね。

Point

登場児のどちらかに感情移入をすると、客観的視点が損なわれ、それに伴い判断基準も偏ってしまうこともあります。登場児の呼称はあくまでも「この子」「この女の子」「左の子」などです。決して、被指導児やその友達の○○ちゃんなどと重ね合わせないように注意が必要です。

13　班での相談は、必ずしも自分の思い通りの結果になるわけではないことを知り、皆が折り合えるように話を続ける。

1　こんなとき

お楽しみ会の
出し物
何にする？

2　こうするよりは

ぜっ対に
手品
他のなら
やらない
自分勝手
だね

3　こうしてみては？

どんなの？

（１枚目を提示）

Ｔ：左端の女の子が何かを言っているよ。読んでみて。

Ｃ：「お楽しみ会の出し物　何にする？」

Ｔ：🔊「お楽しみ会の出し物　何にする？」この３人はこれから話し合いをするのかな？

Ｃ：多分。

（２枚目を提示）

Ｔ：赤い服の子、何と言っている？

Ｃ：「ぜっ対に手品　他のなら　やらない」

T：「ぜっ対に手品　他のなら　やらない」

C：へー。

T：どうしても手品がしたいみたいだね。左の子は何と言っている？

C：「自分勝手だね」

T：「自分勝手だね」どうして？

C：えっと、絶対に手品って言っているから。

T：うん、他の人の意見を聞こうとしていないね。

（3枚目を提示）

T：こっちでは、女の子が　「どんなの？」と興味をもっている。男の子、何を言ったんだろうね？

C：やりたい手品があるんだとか？

T：良いねえ。そんな風に言われたら　「どんなの？」って聞いてみたくなるね。聞いてみようか。「手品はどう？　面白いのを知っているよ」これも良いね。

C：うん。

Point

この指導例のように、被指導児が読んだせりふを音声でもう1度再生して、内容を再確認することもできます。特に聞いて理解する力が強い子には大いに役立つと思います。

14　順番を待つときには、多かれ少なかれ他の子も同じような気持ちでいることを知る。

1　こんなとき

まだ？

2　こうするよりは

引っぱるなよ！
早く

3　こうしてみては？

はい どうぞ

（1枚目を提示）

T：何かを観察しているよ。何？

C：トンボ。

T：そう、班に1つの標本を、順番に見ているところね。緑の服の子は何と言っている？

C：「まだ？」

T：🔊「まだ？」何がまだ？

C：えっと、トンボを見る番。

T：向こう側の2人が先に見て、次にこっち側の2人が見るほうがより詳しく観察ができるからね。

（２枚目を提示）

Ｔ：せりふを読んでみて。

Ｃ：「早く」と「引っぱるなよ！」

Ｔ：「早く」何を早くしてほしい？

Ｃ：トンボ。

Ｔ：「引っぱるなよ！」何を引っぱるな？

Ｃ：トンボ。

Ｔ：早くトンボを見たくて引っぱってしまい、引っぱるなと言われたんだね。

（３枚目を表示）

Ｔ：こっちは、先に見ていた子が見終わって　「はい　どうぞ」と手渡してもらうまで待てたね。どんな気持ちで待っているのかな？

Ｃ：見たいけど、まだだろうな。

Ｔ：見たい気持ちを我慢しているんだね。聞いてみよう。「ぼくも見たいけど　みんなも同じだね」我慢できた理由を言っていたよ、何？

Ｃ：え、分かんない。

Ｔ：「ぼくも見たいけど　みんなも同じだね」見たいのは友達も同じだと気付いたんだね。

Ｃ：ふーん。

Point

音読はできても、内容の細かな理解は難しい子もいます。音声ペンを使うことで変化をつけ、興味を引き付けながら複数回同じ内容を提示する中で、細かな部分の理解が深まっていきます。音声ペンがない場合も、指導者が巧みに声色を使うなどの対処工夫をお勧めします。

15　不快なときには、それを周囲にぶつけるのではなく、不快感を減らす方法を考える。

2　こうするよりは

ああ
いらいらする

1　こんなとき

暑い 暑い
かゆい かゆい

3　こうしてみては？

ほけん室

（１枚目を提示）

T：男の子が頭を掻いている。どうしてだと思う？

C：暑くてかゆいから。

T：🔊「暑い　暑い　かゆい　かゆい」これは授業中かな？　同じ教科書を出しているから。

C：うん。しゃべったらだめなのにね。

T：我慢ができないぐらいなのだろうね。女の子も男の子が気になっているね。

（２枚目を提示）

Ｔ：男の子は何と言っている？

Ｃ：「ああ　いらいらする」

Ｔ：「ああ　いらいらする」言いながら何をしている？

Ｃ：えっと、女の子の筆箱を投げている。

Ｔ：女の子の筆箱？

Ｃ：あっ、違う。自分のだ。

Ｔ：それでも、女の子は怖がっているね。大きな音もしただろうね。

（３枚目を提示）

Ｔ：こっちでは、男の子は何かを思い出したみたい。何？

Ｃ：保健室の先生のこと。

Ｔ：保健の先生がこの子にあることを言っていたんだよ。何だろうね？

Ｃ：分かんない。

Ｔ：聞いてみよう。「あせをふいて冷やそう　がまんできないときはおいで」

Ｃ：我慢できなかったらおいでって。

Ｔ：そう言っていたね。イライラしていたけど、保健室の先生のことを思い出して良かったね。

Point

被指導児は、絵を見て場面や登場人物の心情を理解する力は持っています。しかし、投げた筆箱が女の子の物だと勘違いする程度の見落としはあります。余力のある子には、絵の中の情報を使って会話を広げてみるのも楽しいです。

9

連続絵カード

小学生中学年版２

言動と反応の対比

アクトボイスペン対応
ソーシャルスキルトレーニング絵カード—連続絵カード
SST絵カード　中学年版２
小学生中学年版２　言動と反応の対比
ぼくは良い子だから遊べない
悪い子になってやる
良い子はここで遊びません
①こんなとき
②こうするよりは
③こうしてみては？
編・著／ことばと発達の学習室Ｍ　発行／エスコアール

1　自分で決めたルールを相手に押し付けず、納得できるような伝え方をする。

1　こんなとき

これ０？
６に見える

2　こうするよりは

字がへただから
この答えは
×だね
えっ
そんなあ

3　こうしてみては？

本当だ
６に見える
直すね

（１枚目を提示）

Ｔ：隣の席の子とノートを交換して、マルつけをし合っているよ。男の子、何と言っている？

Ｃ：「これ０？　６に見える」

Ｔ：🔊「これ０？　６に見える」そう言っているね。これってどれ？

Ｃ：これ。

Ｔ：そう、男の子が指差しているね。

（２枚目を提示）

Ｔ：男の子がバツをつけているね。どうしてかな？　男の子、何と言っている？

C：「字がへただから　この答えは×だね」

T：「字がへただから　この答えは×だね」「えっ　そんなぁ」と不満そうな様子だよ。どうして？

C：答えは合っているから？

T：うん、合っているのにどうしてという感じかな。

（3枚目を提示）

T：こっちでは、マルつけをする前に男の子が何か言っているね。女の子は　「本当だ　6に見える　直すね」どんなことを言っていると思う？

C：……。

T：「答えはマル　でも　0が6にも見えるよ」「本当だ　6に見える　直すね」男の子も女の子も6に見える。2人とも納得だね。

C：うん。

Point

男の子は女の子が0と書いたと認識できていたからこそ「6にも見える」と言ったのです。

つまり、男の子も字は下手だけれど答え自体は合っていることは認識しています。女の子もそう思ったからこそ、字を「直すね」と言えたのです。そのことも確認したい場面です。

２　自分の都合ばかりを主張せず、相手の様子を見て譲ることが必要な場面があることを知る。

１　こんなとき

２　こうするよりは

じゃまだ　どけ
おまえこそ　じゃま

３　こうしてみては？

ありがとう

（１枚目を提示）

Ｔ：これはどんな場面？

Ｃ：荷物を持った男の子と、ドアを持った男の子がいる。

Ｔ：そう、２人はそれぞれどっちに行きたいのかな？

Ｃ：こっちとあっち。

Ｔ：このままだと、２人はぶつかってしまうね。

（２枚目を提示）

Ｔ：ぶつからなかったね。良かった。でも、何か言っているよ。

Ｃ：「じゃまだ　どけ」

T：右の子は　「じゃまだ　どけ」それを聞いた左の子は何と言っている？

C：「おまえこそ　じゃま」

T：「おまえこそ　じゃま」２人の顔、どんな顔？

C：怒っている。

T：どうして？

C：あー、じゃまだから。

T：うん。でも、２人はそれぞれあっちとこっちに行きたかっただけなのにね。

（３枚目を提示）

T：こっちでは、ニコニコ顔だよ。左の子は　「ありがとう」お礼を言っている。右の子は何と言ったんだろう？

C：おさきにどうぞ。

T：良いね、嬉しいね、そう言われたら。「前が見えないね　どうぞ」どうぞって良い言葉だね。自分も前に進みたいけど相手も同じで荷物も持っている。それで　「前が見えないね　どうぞ」と譲ったんだね。

C：うん。

Point

この指導例では、主に右の子の立場や行動を取り上げていますが、左の子の立場や行動を取り上げることも可能です。このように絵を客観的に見て、それぞれの行動の内にある心の変化を知ることができます。

3　自分の都合ばかりを主張せず、全体を見た上で適切な主張をすることが必要な場面があることを知る。

1　こんなとき

やったー
からあげだ

2　こうするよりは

おなかがすいた
いっぱい入れて
ダメよ
ひとり3つ

3　こうしてみては？

良いよ

（１枚目を提示）

Ｔ：給食の時間。自分のをもらいに行っているところだね。男の子は何と言っている？

Ｃ：「やったー　からあげだ」

Ｔ：🔊「やったー　からあげだ」唐揚げが好きなんだね。目がくぎ付けだものね。

Ｃ：うん。

（２枚目を提示）

Ｔ：この子、給食当番に何か頼んでるよ。何を頼んでいる？

Ｃ：「おなかがすいた　いっぱい　入れて」

T：「おなかがすいた　いっぱい　入れて」好きなものはいくらでも食べられるものね。あれ？　でも給食当番の子の返事は？

C：「ダメよ　ひとり３つ」

T：「ダメよ　ひとり３つ」当番の子は意地悪なの？

C：違うよ、意地悪なのは調理員さん。唐揚げは人気があるのが分かっているんだからもっとたくさん作れば良いのに。

T：まあ、調理員さんもたくさん食べてほしいと思っていると思うよ。意地悪ではないとしたらどうして３つだけ？

C：食べる人数が多いから？

（３枚目を提示）

T：こっちでは　「良いよ」と言っている。どんな頼み方をしたんだろう。

C：さあ。

T：１人３つという数は変えないで、少しでもたくさん食べられそうなお願いの仕方、どんなのがあると思う？

C：大きいの３つ。

T：良いね、聞いてみよう。「おなかがすいた　できるだけ大きいのを　入れて」絶対にではなく、できるだけと言ったから、当番の子も笑っているんだろうね。

C：そうか。下手に出れば良いんだ。

T：……。

Point

教室ではよくある場面です。同じように何かを頼むやり取りでも、スムーズに事が運ぶ場合と、ついつい喧嘩になってしまう場合があります。この指導例のように会話の中に「できるだけ」などの一言を入れるだけで雰囲気が変わるということも知っておいてほしいです。

4　学校にある遊具は、一人で使うものではなく、互いが譲り合って使うものだということを知る。

2　こうするよりは

わたしがとぶからどいてよ！
こわい

1　こんなとき

3　こうしてみては？

うん

（１枚目を提示）

T：３人いるね。何をしている？

C：タイヤ跳び。

T：ニコニコ顔で遊んでいるね。

C：そうだね。

（２枚目を提示）

T：誰か来たよ。大きい子だね。

C：背は高い。

T：何と言っている？

C：「わたしがとぶから　どいてよ！」

T：「わたしがとぶから　どいてよ！」そう言われた３人はどうした？
C：どこうとしている。
T：「こわい」大きい子に言われて怖くて逃げて行こうとしているね。

（３枚目を提示）
T：こっちでは３人ともニコニコして　「うん」だって。大きい子、同じようにタイヤで遊びたいと言ったよ。どんな言い方をしたと思う？
C：さあ。
T：難しいね、聞いてみようか。「一しょに　とんでも良い？」
C：ふつう。

Point

大きい子が小さい子に話しかける場面です。大きい子の中には高圧的な態度をとってしまう子もいますが、年齢に関係なく、後から来た子はお願いする立場だということを確認したいです。

5　怪我など緊急事態のときには、優先順序を変えることが必要だということを知る。

1　こんなとき

2　こうするよりは

どこがいたい？
先生 早くとびたいよ

3　こうしてみては？

どこがいたい？

（１枚目を提示）

T：体育の授業中。何をしている？

C：跳び箱。

T：女の子が跳んでいるね。あれ、足をぶつけた？

C：痛そうな顔。

T：本当だ！

（２枚目を提示）

T：跳んでいた女の子、どうなった？

C：膝が痛い。

T：あれ、こっち、待っている男の子が何か言っている。「先生　早く　とびたいよ」でも、先生は、「どこが　いたい？」って女の子を心配しているね。

C：こんなときは女の子が優先。

T：そうだよね、そう思う。

C：うん。

T：男の子は女の子の怪我を心配する気持ちより、跳びたい気持ちのほうが強いのかな。

C：可哀そう。

（３枚目を提示）

T：こっちでも、先生は「どこが　いたい？」って女の子を心配しているけど、男の子も女の子の怪我を気にしている。

C：当たり前。

T：男の子、何を思っているのかな？

C：え……ちょっと心配？

T：聞いてみようか。「いたくて　立てないのかな」って心配しているね。

C：そうだね。

Point

自分の周りの友達や先生が、どんな状況なのかをしっかりと把握することが、適切な行動につながるという指導例です。

6　予定は、場合によっては変更されることもあると知り、そのことを受け入れる。

1　こんなとき

今日の
全校遊び集会は
中止です

2　こうするよりは

えっ！
楽しみに
していたのに
けん利のしん害です

3　こうしてみては？

インフルエンザで
お休みがふえたからよ

（１枚目を提示）

Ｔ：先生の言葉を読んでみて。

Ｃ：「今日の　全校遊び集会は　中止です」

Ｔ：「今日の　全校遊び集会は　中止です」えっ、何が中止？

Ｃ：全校で遊ぶ予定が中止になったという問題提起です。

Ｔ：遊びの集会が中止になったんだね。

Ｃ：ご名答。

（２枚目を提示）

Ｔ：男の子が何か言っている。

Ｃ：言っていますね。それが何か？

T：何と言っている？

C：「楽しみにしていたのに　けん利のしん害です」抗議ですね。

T：「楽しみにしていたのに　けん利のしん害です」先生も
「えっ！」とびっくりしているね。

C：侵害に気が付いたのでしょう。

（３枚目を提示）

T：こっちでは、男の子、抗議ではなく質問をしている。何の質問？

C：中止の理由ですかね。

T：○○くんならどんな質問をする？

C：全校遊びが中止になったのは我慢がなりませんが、納得のできる理由があるのであれば、我慢もやぶさかではありません。どのような経緯でそのような結論に至ったのか、説明責任を果たしていただきたく思います。

T：……！　いつも思うけど、難しい言葉を知っているね。この子はどうだろう。こっちも聞いてみようか。「楽しみにしていたのに　どうして　中止ですか」質問の答えを読んでみて。

C：「インフルエンザで　お休みがふえたからよ」

T：「楽しみにしていたのに　どうして　中止ですか」「インフルエンザで　お休みがふえたからよ」この男の子、これで納得できると思う？

C：おそらく、できるのではないかと思います。

Point

登場児や被指導児のように、好んで難しい言葉を使う子がいます。自分にとって興味やインパクトのある言葉を記憶する力が優れているということです。得意分野なので一旦受け止めてあげながらも、他にも表現方法があることも伝えたいです。

7　友達の家で喉が渇いたときは、どこの家にもある水やお茶を頼むようにする。（可能なら水筒を持参する）

2　こうするよりは

ぶどう100パーセントのジュースを下さい
えっ！

1　こんなとき

のどがかわいた

3　こうしてみては？

麦茶もあるけどお水が良いの？

（１枚目を提示）

Ｔ：ここは左の子の家。そこに右の子が遊びに来ているよ。

Ｃ：うん。

Ｔ：遊びに来た子、何と言っている？

Ｃ：「のどがかわいた」

Ｔ：「のどがかわいた」こう言われたら○○くんなら何と答える？

Ｃ：そうなんだ。

Ｔ：そう答えるんだね。でも、誰かに喉が渇いたと言うときは、喉が渇いているけどあなたはどうとか、喉が渇いたから水を飲みたいなどの訴えであることが多いよ。

Ｃ：ふーん。

（2枚目を提示）

T：真ん中にいるのは、このおうちの人かな。遊びに来ている女の子は何と言っている？

C：「ぶどう 100 パーセントのジュースを下さい」

T：「ぶどう 100 パーセントのジュースを下さい」ぶどうジュースはあるかな？

C：あると答えてないからないと思う。

T：「えっ！」驚いているね。思いもよらないリクエストだったのかもしれないね。

（3枚目を提示）

T：こっちでは、冷蔵庫を開けているね。何と言いながら開けている？

C：「麦茶もあるけど　お水が良いの？」

T：「麦茶もあるけど　お水が良いの？」今度は女の子のリクエストにこたえようとしているみたい。女の子は何を頼んだの？

C：お水で良いので飲み物を下さい。

T：なるほど。「すみません　お水を一ぱい下さい」

C：すみませんって言うのか。でも、合っていたね。

Point

自分の家にある物が他の家にもあるとは限らないこと、よその家でおやつをお願いするのは望ましくないが、喉を潤したり、脱水症状を回避したりするために水を飲ませてもらったりするのは問題ないことなどを知ってほしいです。

8　大勢で楽しんでいるときには、自分の言動が他の子の楽しみを奪うことのないように気を付ける。

1　こんなとき

クイズ大会
ドッジボールは丸い
四角いのは何ボール？

2　こうするよりは

クイズ大会
わかった！ダンボールチョーかんたん！
声を出さないでよ

3　こうしてみては？

クイズ大会
はい

（1枚目を提示）

T：黒板に書いてある文字、読んでみて。

C：クイズ大会。

T：そう。クラスでクイズ大会をしていて、前に立っている子が出題しているね。どんなクイズ？

C：「ドッジボールは丸い　四角いのは何ボール？」クイズじゃなくてなぞなぞじゃん。

T：厳しいね、まあ、クイズには、なぞなぞを含む場合もあるからね。

（２枚目を提示）

T：２枚目を見て。クイズの出題者の顔はどう変わった？

C：困った顔になった。

T：クイズの問題を聞いていた子たちは？

C：何か、嫌がっている。

T：どうして？

C：答えを言ってしまったから？

T：「わかった！　ダンボール　チョーかんたん！」何がチョーかんたん？

C：答え。

T：クイズに答えたらいけないの？

C：良いけど……。

T：「声を出さないでよ」って言っているよ。声を出して答えを言ったのがいけないのかな？

C：そうそう。

（３枚目を提示）

T：こっちでは､答えではなく､他のことを言っているみたい。何だろう？

C：分かった、当てて、当てて！

T：どんなことを言っているか聞いてみよう。「はい　わかった」分かったら手を挙げて、指名されてから答えるんだね。もう１人「はい」って手を挙げている子もいる。

C：うん。

Point

周りの子の様子や気持ちに、気付かないことが多い低中学年段階によくある場面です。このような学校生活でよくある場面を、客観的に見ることができるのも絵カードの利点です。

9　たまたま自分は知っていても、相手は知らないこともあるのだと知る。興味があるようなら説明をしてあげる。

1　こんなとき

ねこだましって　おもしろいね
何それ？

2　こうするよりは

そんなことも　知らないの
あなたって　意地悪だね

3　こうしてみては？

すもうに　そんなわざが　あるの？

（１枚目を提示）

Ｔ：２人で立ち話。それぞれ何と言っているか読んでみて。

Ｃ：「ねこだましって　おもしろいね」「何　それ？」

Ｔ：🔊「ねこだましって　おもしろいね」🔊「何　それ？」猫だましって面白いの？

Ｃ：何、それ？

Ｔ：左の子と同じだね。

（２枚目を提示）

Ｔ：右の子のせりふを読んでみて。どんな気持ちで言っていると思う？

Ｃ：「そんなことも　知らないの」ってばかにしている。

Ｔ：「そんなことも　知らないの」左の子のせりふは？

Ｃ：「あなたって　意地悪だね」

Ｔ：「あなたって　意地悪だね」何が意地悪だと思ったのかな？

Ｃ：えっと、何だっけ……。

（３枚目を提示）

Ｔ：こっちの、吹き出しの中の絵は何だろう。

Ｃ：お相撲さんが手を叩いている。

Ｔ：これが猫だまし。

Ｃ：へー、猫はいないのに？

Ｔ：聞いてみようか。「すもうで立つときに　相手の目の前でバシッと手をたたいて　不意打ちをするの」相手に油断をさせて次の攻撃をするのかな。

Ｃ：ふーん。そんなのがあるの。それで勝つの？

Ｔ：左の子も同じようなことを言っている。「すもうに　そんなわざがあるの？」興味がありそうならこうやって説明をしてあげると良いね。

Point

自分に興味があることに、相手も興味があるとは限らない。自分が知っていることを、相手も知っているとは限らない。その逆もある。知らないことをバカにせずに、説明の立場に徹すれば興味を持ってくれる子も出てくるかもしれない。それを学んでほしい指導例です。

10　「あるから」と言われても、それは単なる説明ではなく「あるからそれを持って来て」という意味のときがあることを知る。

1　こんなとき

引き出しに
ポリぶくろが
あるから

2　こうするよりは

引き出しに
ポリぶくろが
あるのか
早く
持って来て

3　こうしてみては？

お願いね

（1枚目を提示）

T：わあ、食缶をひっくり返してしまったね。

C：うん。

T：右の子、どうしようという顔。先生が何か話しかけている。何を言っている？

C：「引き出しにポリぶくろが　あるから」

T：🔊「引き出しにポリぶくろが　あるから」ポリ袋で何をするのかな？

C：入れて食べる。

T：コラコラ。

（２枚目を提示）

Ｔ：男の子はどうしている？

Ｃ：「引き出しに　ポリぶくろがあるのか」って思っている。

Ｔ：「引き出しに　ポリぶくろがあるのか」先生は、どうしてポリ袋が引き出しにあることを、この子に教えたの？

Ｃ：持ってきてほしいから。

Ｔ：そうだね。でもこの子は分からなかったみたい。それで先生が　「早く　持って来て」と言ったんだね。ポリ袋は何に使うの？

Ｃ：こぼれたおかずをポリ袋に入れる。

Ｔ：思った通り、知っていたね。

（３枚目を提示）

Ｔ：こっちでは、この子、ポリ袋の使い方が分かったみたいだね。

Ｃ：うん。

Ｔ：ポリ袋は、こうやって使うんだろうなと想像しているんだね。

Ｃ：そう。

Ｔ：男の子が　「取って来る」先生も　「お願いね」これで安心だね、給食のおかずは少なくなってしまったけど。

Ｃ：大丈夫、隣の組の先生がわけてくれた。

Ｔ：えっ、もしかして○○君もこぼしたことがある？

Ｃ：えへへ、ばれたか。

Point

「どこどこに何々があるから」と言われても、それが「あるからそれを持って来て」という意味であることが分からない子はいます。このような場合、指導者が個々の特性に合わせ、言葉を省略せず「どこどこに何々があるから、持って来て」と指示をすると良いです。

11　「お姉ちゃん」という言葉には、誰かの姉という意味とは別の意味や使い方があることを知る。

2　こうするよりは

あなたは
わたしの妹では
ありません
この子
何を言っているの？

1　こんなとき

お姉ちゃん
ハンカチを
落としたよ

3　こうしてみては？

名前を
知らないから
そうよんだんだ
どういたし
まして

（1枚目を提示）

T：高齢の女の人が何かを言っているよ。何と言っている？

C：「お姉ちゃん　ハンカチを落としたよ」

T：「お姉ちゃん　ハンカチを落としたよ」誰に言っているの？

C：前を歩いている子。

T：そう、ハンカチを落としたことに気付いていないから、教えてあげているんだね。

（2枚目を提示）

T：声をかけられたことに気付いたみたい。女の子、何と言っている？

C：「あなたは　わたしの妹ではありません」

T：「あなたは　わたしの妹ではありません」どういうこと？
C：お婆ちゃんが、妹のはずがない。
T：「この子　何を言っているの？」高齢の女の人、この子は何を言っているのと思っているね。

（3枚目を提示）
T：こっちでは、すぐにハンカチを渡してもらっている。どうして？
C：名前を知らないから、お姉ちゃんって呼んだんだと分かった。
T：「名前を知らないから　そうよんだんだ」そこの女の子っていう意味なんだろうなと分かったんだね。どうお礼を言ったのかな？
C：気付かなかったです、ありがとう。
T：良い言い方だね。この子はどう言ったかな。「ありがとうございます」「どういたしまして」
C：いえいえ、こちらこそ。

Point

この子は「お姉ちゃん」という呼び名を兄弟の中の上の女の子を呼ぶときだけのものだと思っていたようです。人は立場や役割や場面により、さまざまな呼ばれ方をします。この絵カードでは、そのようなことにも気付いてほしいです。

12　「良い子はここで遊びません」というのは「この場所は危険なので、遊んではいけない」という意味であることを知る。

1　こんなとき

良い子は
ここで
遊びません

2　こうするよりは

ぼくは良い子
だから遊べない
悪い子に
なってやる
良い子は
ここで
遊びません

3　こうしてみては？

良い子は
ここで
遊びません

（１枚目を提示）

Ｔ：文字が書いてある。読んでみて。

Ｃ：「良い子は　ここで遊びません」

Ｔ：この場所、楽しく遊べそう？

Ｃ：冒険できそう。

（２枚目を提示）

Ｔ：男の子が看板を蹴っている。何と言っている？

Ｃ：「ぼくは　良い子だから　遊べない　悪い子になってやる」

Ｔ：🔊「ぼくは　良い子だから　遊べない　悪い子になってやる」

C：悪い子になるの？

T：どうして悪い子になりたいのだろう？

C：良い子はここで遊べません、だから。

T：悪い子になったら遊べるのかな？

C：悪い子になったら危ない所で冒険できる。

T：なるほど。

（3枚目を提示）

T：こっちでは、男の子は冒険はしたいけれど、怪我が嫌だと思ったのかな。帰ろうとしている。

C：ぼくなら、怪我をしてでも冒険を選ぶ。

T：そうなんだ。この子は　「これは『あぶないから　ここで　遊ばないで』ということなんだ」だって。

C：ぼくなら、そうしない。

T：そうなんだ。でも、この子はそうした、そう考えたってことだね。

C：ふーん。

Point

子どもの○○したい、したくないという主張をむやみに否定せず、こういう考え方もあるよと提起する立場に徹することも大事です。今、教えられた通りに行動するより、この先、自分で考え、判断して行動する基礎の力を養うほうが、本当の意味でのソーシャルスキルの獲得につながっていくだろうと思います。

13　同じ行動でも、見方によっては違う表現になることがあることを知る。

1　こんなとき

かみを切りに
行って来たのね

2　こうするよりは

えっ
いいえ
帰って来たのです

3　こうしてみては？

さっぱり
したね

（１枚目を提示）

Ｔ：女の子が知り合いのおばさんに声をかけられたよ。何と言っている？

Ｃ：「かみを切りに　行って来たのね」

Ｔ：🔊「かみを切りに　行って来たのね」おばさんはどうしてそう思ったんだろうね。

Ｃ：髪の毛が短くなっていたから。

Ｔ：きっとそうだね。

（２枚目を提示）

Ｔ：女の子はどんな返事をしている？

Ｃ：「いいえ　帰って来たのです」

T：「いいえ　帰って来たのです」女の子はどこから帰って来たのかな？

C：散髪屋さん。

T：おばさんは　「えっ」とびっくりしている。

C：うん。

（3枚目を提示）

T：こっちでは、女の子とおばさんの話は続いている。「さっき　切りに行った」と考えてから、「はい　行って来ました」と答えたからかな。

C：行って、帰って来たんだ！

T：女の子は散髪に行って、帰って来た。おばさんから見たら女の子が散髪に行って来た。どの場面を思い浮かべるかで少し言い方が違うだけだね。「さっぱりしたね」会話も続いているね。

C：うん……。

Point

同じ行動でも、自分の視点と相手の視点では表現が変わります。「行って来た」「帰って来た」など、自分ではない他者の視点への気付きは、対人関係を築いていく上で大事な第一歩でもあります。

14　相手の気分を害してしまう言動があることを知り、言葉の使い方に気を付ける。

１　こんなとき

取れないなあ
お姉さんが取ってあげようか？

２　こうするよりは

あなたは
お姉さんではなく
おばさんです
失礼な子ね

３　こうしてみては？

おばさんみたい
だけれど

（１枚目を提示）

Ｔ：🔊「取れないなあ」溝に手を突っ込んで何かを取ろうとしているね。

Ｃ：えっ、何？

Ｔ：何かは分からないね。🔊「お姉さんが　取ってあげようか？」このお姉さんは知り合いの人かな？

Ｃ：多分。

（２枚目を提示）

Ｔ：女の子が拾うのをやめて何か言っているね。何？

Ｃ：「あなたは　お姉さんではなく　おばさんです」

T：「あなたは　お姉さんではなく　おばさんです」知り合いではなかったみたい。大変、おばさんと言われたお姉さん、どんなことを思っている？

C：「失礼な子ね」

T：「失礼な子ね」声には出していないけど、そう思っているんだね。何が失礼？

C：自分がお姉さんだと思っている人におばさんって言っちゃだめだってお母さんが言っていた。若く見られたいんだって。

T：お母さん、鋭い。

C：先生は、おばさん？　お姉さん……って言ったら嬉しい？

T：ちょっと嬉しいかもしれない。

（3枚目を提示）

T：こっちでは、お姉さん、笑顔で拾ってくれたね。

C：鍵だ。

T：女の子、心の中で　「おばさんみたいだけれど」と思ったけど、声には出していないね。どうして？

C：さっき言ったよ、自分がお姉さんだと思っている人におばさんって言っちゃだめだから。

T：言わないほうが良いことは言わないのね。この場面で言ったほうが良い言葉は何だと思う？

C：取ってくれてありがとう。

T：そう。「ありがとうございます」

C：うん。

Point

思ったことを口に出すと、相手が嫌な気持ちになったり傷ついたりすることはあります。相手が大人の場合は、嫌な気持ちを顔や態度に出さないことも多いです。いろいろな場面で、自分の発言が相手にどう受け取られるかを考えることは大切です。

15　自分ばかりが狙われるというより、自分が狙われやすい状態を作ってしまっていることを知る。

1　こんなとき

2　こうするよりは

3　こうしてみては？

（１枚目を提示）

Ｔ：運動場で、ボール遊びをしているね。

Ｃ：ドッジボール！　きっと昼休みだよ。

Ｔ：ボールは今、（指差しながら）この男の子の敵が持っている？　味方が持っている？

Ｃ：ここ、この子だから敵。

Ｔ：今からボールを当てるところだね。

（２枚目を提示）

Ｔ：ボールを持っていた子はどうした？

Ｃ：男の子に当てた。

T：当てられた男の子は何と言っている？

C：「また　ぼくをねらった」

T：「また　ぼくをねらった」またってことは、この子はいつも狙われているのかな？　他の子は狙われている？

C：端に逃げているから、狙われていない。

T：そうね、男の子はどこにいる？

C：真ん中。

T：「また　ぼくをねらった」というより、狙われやすいところにいるということかもしれないね。

C：多分、そう。

（3枚目を提示）

T：こっちでは、男の子はどこにいる？

C：端っこ。

T：吹き出しのところ、男の子はどんなことを思っているだろう？

C：ぼくを狙わないで。

T：うん、そうかも。聞いてみよう。「ここなら　ねらわれないかな」他の子と同じように端っこに行って、ボールのほうを見ているね。

C：うん。

Point

今のことに注意が向かなかったり、この先の見通しが持てなかったりする子はいます。自分しか見えず、被害者意識が強く出る可能性もあります。客観的な絵を見て考える絵カードは、このような場面の学習にも最適です。

10

連続絵カード

小学生高学年版 1

言動と反応の対比

アクトボイスペン対応
ソーシャルスキルトレーニング絵カード―連続絵カード
SST絵カード―高学年版 1
小学生高学年版 1　言動と反応の対比
えっ・・・
出しっぱなしにしては、いけないんだよ
①こんなとき
②こうするよりは
③こうしてみては?
編・著／ことばと発達の学習室 M　発行／エスコアール

1　自分より小さい相手に対しては特に、気持ちを察し手助けをしてあげる。

1　こんなとき

2　こうするよりは

気をつけろ
前を見ろよ
ワァーン

3　こうしてみては？

うん

（１枚目を提示）

T：これ、どうしたと思う？

C：ぶつかった。転びそう。

T：２人とも走っていたのかな。

（２枚目を提示）

T：この２人、同じくらいの年？

C：立っている子が大きい。

T：小さい子は泣いているね。痛いのかな。

C：怒鳴られたから怖い。

T：うん、そうかも。右の子は何と言った？

C：「気をつけろ　前を見ろよ」

T：「気をつけろ　前を見ろよ」これは注意をしているのではなくて、怒鳴っているね。

C：そう。

（3枚目を提示）

T：こっちでは、怒鳴っていないね。大きいほうの子、何をしている？

C：小さい子を立たせようとしている。

T：何か言っているね、何だろう？

C：大丈夫？　立てる？

T：そんな感じ、聞いてみようか。「わあ　ごめん　痛かったね　一しょに保健室に行こう」謝っているのはどうして？

C：ぶつかったから。

T：わざとぶつかったの？

C：そうではなくても、小さい子のほうが転んだから。

T：身体の大きさが違うから、小さい子のほうが転んでしまうね。

C：そう。

T：小さい子に対しては、どっちが良いとか悪いとかの前に、まず相手を気遣ってあげることが大切だね。偉いね、このお兄ちゃん。

C：うん。

Point

この被指導児は、冷静に受け答えをしています。しかし実際に、自分が同じ場面に出合ったとき、この冷静さを保てないかもしれません。客観的な立場で、両者を見て考える経験は、今後の行動のヒントになると思います。

2　先に遊んでいる小さい子たちの場所に割り込もうとせず、自分たちは他の場所を探す。

1　こんなとき

2　こうするよりは

お前ら　あっちへ行け
ええっ!

3　こうしてみては？

（1枚目を提示）

T：何をしている？

C：小さい子は２人で縄跳び。大きい子はボールを持って走っている。

T：そうだね。

（2枚目を提示）

T：大きい子が何か言っている、何？

C：「お前ら　あっちへ行け」

T：🔊「お前ら　あっちへ行け」どうしてそんなこと言うのかな。

C：いばっている。

T：小さい子は、あっちに行けと言われて　「ええっ！」と怖がっているね。

C：行けって命令だから。

（３枚目を提示）

T：こっちでは、小さい子は２人で縄跳び。大きい子はボールを持ってどこかに行こうとしている。何と言っているのだろう。

C：ここ無理だから、あっち行こうぜ。

T：そうか、ここはやめて他の場所を探しに行こうとしているんだ。

「ここは使えないから　あっちに行こう」すごい、同じことを言っているね。

C：当然。だてに高学年はやっていない。

T：……。

Point

この被指導児は冷静な観察眼を持ち、受け答えもしっかりしています。しかし、実際に自分が同じ場面に出合ったときには違う反応をする可能性はあります。この絵カードもまた、今後、同じような場面に遭遇したときには、自らの行動のヒントになるだろうと思います。

3　自分にはわからなくても、友達が悲しんでいることを察し相槌を打ってあげる。

１　こんなとき

２　こうするよりは

ネズミが死んだぐらいで馬鹿みたい
ひどい

３　こうしてみては？

飼ったことがないからよくわからないけど
うん

（１枚目を提示）

T：このハムすけくんは、ヒマワリの種が大好きなハムスターなんだね。この女の子泣いているよ、どうして？

C：ここ、お墓。ハムスターが死んだんだ。

T：「ハムスターが死んでしまったの」そばの子にハムスターのことを聞いてほしかったのだろうね。

（２枚目を提示）

T：ハムスターが死んで悲しいという話を聞いた、そばの女の子はどんな反応？

C：笑っている。「ネズミが死んだくらいで　馬鹿みたい」って。ハムスターにネズミに馬に鹿にたいに動物並びすぎ。

T：……。 🔊「ネズミが死んだくらいで　馬鹿みたい」どうして笑っているのかな？

C：ネズミが死んだくらいで泣くなんて、馬鹿だなあと思っただけ。

T：そう言われて、 🔊「ひどい」余計に悲しくなったみたい。右の子はひどいことを言ったと気付いたかな？

C：言われたから分かったと思う。

T：そうだと良いけれど。

（３枚目を提示）

T：こっちでは、ひどいって言われていない。心の中では何を思っている？

C：「飼ったことがないからよくわからないけど」

T：🔊「飼ったことがないからよくわからないけど」次に何と言う？

C：悲しいの？

T：飼ったことがないからあなたの本当の気持ちは分かっていないかもしれないけれど、あなたが悲しんでいることは分かるよということだね。
🔊「飼ったことがないからよくわからないけど」 🔊「悲しいんだね」
🔊「うん」何とか伝わったね。

C：うん。右の子、笑っていないね。

T：友達が悲しんでいるのは分かったからね。

Point

経験していないことを理解したり、共感したりするのは難しいです。また、人とは違う感覚を持っている場合、他者に共感できないことは多くあります。そんなときには共感するふりをするのではなく「そう思っているんだね」と頷く方法もあります。是非学んでほしいことです。

4　遊びたくないのなら誘いに応じないで、相手が不快に思わない断り方をする方法もあることを知る。

1　こんなとき

遊ぼう
この子
苦手だなあ

2　こうするよりは

あなたのこと
きらいだけど
遊んであげる
ふん！
私も
あなたのこと
大きらい！

3　こうしてみては？

そうなんだ

（１枚目を提示）

T：２人で何の話をしている？

C：左の子が遊ぼうと誘っている。でも右の子は遊びたくなさそう。

T：🔊「この子　苦手だなあ」と思っている子に 🔊「遊ぼう」と誘われたんだね。

（２枚目を提示）

T：誘われた子は何と答えている？

C：「あなたのこときらいだけど　遊んであげる」

T：「あなたのこときらいだけど　遊んであげる」苦手だけど遊ぶんだ。でも嫌いだけどとか遊んであげるとか、言葉づかいが気になる。どう思う？

C：嫌だと思う。

T：左の子もそうみたいね。「ふん！　私も　あなたのこと　大きらい！」だって。

C：そりゃそうだ。

（3枚目を提示）

T：こっちではどう？　遊ぶことにした？　それとも断った？

C：手を振っているから断ったと思う。

T：「ごめんね　今　遊べないの」本当だ、断っている。「そうなんだ」遊んであげると答えたときより、断ったこっちのほうが左の子もニコニコしているね。遊びたくないときは断ってもいい。でも、相手が嫌な気持ちにならないように断ることが大切なんだね。

C：そういうこと。

Point

申し出を断るのは必ずしも悪いことではないですが、すべて受け入れなければならないと思い込み「嫌だけれど……遊んであげる」といった気持ちをそのまま口に出し、溝を広げてしまう指導例です。相手を怒らせたり傷つけたりしない、上手な断り方も知っておきたいものです。

5　たとえそう思っていても、相手が傷つくような言葉を口に出すのは避ける。

1　こんなとき

もう
帰るね

2　こうするよりは

あの子
やっと帰るね
えっ
ひどい！

3　こうしてみては？

あの子
きらいだけど
またね
またね

（１枚目を提示）

T：女の子が３人いるね。どんな場面？

C：１人が先に帰るところ。

T：🔊「もう帰るね」そう言っているね。

（２枚目を提示）

T：🔊「あの子　やっと帰るね」どういうこと？

C：やっと帰るから嬉しい。

T：黄色い服の子も嬉しいの？

C：ひどいと思っている。

T：🔊「えっ　ひどい！」帰ると言った子、どうしている？

C：聞いている。

T：このままでは、もう３人で遊べないね。

C：右の子、仲間外れになると思う。

（３枚目を提示）

T：こっちでは　「あの子　きらいだけど」それは声には出さず、手を振って何か言っているね。何？

C：バイバイ、また遊ぼう。

T：「さようなら」　「またね」　「またね」普通に挨拶をしているね。

C：うん。私、この右の子嫌い。

T：どうして？

C：悪口ばかり言ってそう。

T：うん。思うのは、ある程度は仕方がないかもしれない。それを口に出さなければ悪口にはならない。相手も嫌な気持ちにならずにすむね。

Point

思ったことを心の中だけにとどめておけず、後先構わずに口にし、人を傷つけたり嫌がられたりする子はいます。内言語が完成するのは７～８歳ですが、高学年でもその発達が未熟な子はいます。ていねいに学習をすすめたい課題です。

6 「自分は知っていて相手は知らないことも、相手は知っていて自分は知らないこともある」ことを知る。

1　こんなとき

ギネスけいさいの
最大の数は
グラハム数だよね
知らない
初めて聞いた

2　こうするよりは

そんなことも
知らないの？
馬鹿なの？
馬鹿なんて
言うなよ

3　こうしてみては？

お兄ちゃん
すごいね

（1枚目を提示）

T：２人の会話を読んでみて。

C：「ギネスけいさいの　最大の数は　グラハム数だよね」「知らない　初めて聞いた」

T：🔊「ギネスけいさいの　最大の数は　グラハム数だよね」🔊「知らない　初めて聞いた」聞いたことある？

C：ない。

T：まあ、ギネス認定されている最大数であることは間違いなさそうだね。

C：ふーん。

（２枚目を提示）

Ｔ：「そんなことも知らないの？　馬鹿なの？」相手の子は　「馬鹿なんて言うなよ」

Ｃ：知らないのが普通。馬鹿っていうのがおかしい。

Ｔ：そうだよね。

（３枚目を提示）

Ｔ：こっちでは、喧嘩になっていない。さっきみたいに相手を馬鹿にしていなさそう。何と言ったと思う？

Ｃ：分からないよ、そんなの。

Ｔ：聞いてみようか。「そうなんだ　実は　ぼくもお兄ちゃんに聞いたばかり」相手の子は　「お兄ちゃん　すごいね」

Ｃ：お兄ちゃんって大学生かな？

Ｔ：そうかもしれないね。まあ、こんな難しいことを知っているほうが珍しい。この子も、たまたまお兄ちゃんに教えてもらっただけ。自分が知っていることをすべての人が知っているわけではないということだね。

Ｃ：そういうこと。

Point

ここでは難しい話題でしたが、日常的なことでも、自分は知っているが相手は知らないことや、逆に相手は知っているが自分は知らないことはたくさんあります。被指導児はそれに気付いていますが、そうでない子もいるので確認をしてみてください。

7 自分とは違う感じ方や考え方をしている友達がいることを知る。

1 こんなとき

2 こうするよりは

これボロボロ
かっこ悪い!
かっこ悪い?
私はそうは
思わない

3 こうしてみては?

ここまで来たら
卒業まで
使うつもり

(1枚目を提示)

T:何をしている?

C:隣の子の筆箱を壊している?

T:隣の子の筆箱を触っているのは間違いなさそう。確認してみよう。

(2枚目を提示)

T:何か言い合いをしているよ。何?

C:「これボロボロ　かっこ悪い!」「かっこ悪い?　私はそうは思わない」

T:🔊「これボロボロ　かっこ悪い!」 🔊「かっこ悪い?　私はそうは思わない」ボロボロに見える筆箱を使っていることが、かっこ悪いかそうではないかということで意見が対立しているね。

C：ふーん。

T：右の子は筆箱の見た目がかっこ悪いと言っていて、左の子はボロボロになっても使っていることはかっこ悪いとは思わないと言っているのでは？

C：何か、よく分からない。

（3枚目を提示）

T：こっちでは、左の子 「ここまで来たら　卒業まで使うつもり」って笑顔で答えているね。ここまでってどういうこと？

C：今まで使ったのだからってこと。

T：やっぱり、見た目はボロだということは分かっているんだね。でも、「ここまで来たら　卒業まで使うつもり」と思っている。どうして？

C：意地？

T：えっ、そう……かも。人に何と言われようと、自分がこうと決めたことをやり通す。確かに意地だね。この子にはこの子の考えがあるんだよ。

C：そういうこと。

T：ところで、右の子は、さっきみたいにボロボロだと言っていないような気がする。どう言っているのかな？

C：ここ、壊れているよ。

T：うん、聞いてみようか。「これ　前から　気になっているの」
「ここまで来たら　卒業まで使うつもり」

C：確かに気になる。

T：一方的にボロボロと言うのではなく、気になるから知りたいという会話になっているね。

C：そうだね。

Point

この絵カードでは、違う感じ方や考え方をしている子がいるのだと、知ることができます。実際には、経済的理由などで同じものを長期間使い続けている子もいます。それらの背景も相まって、持ち物への価値観もさまざまです。一方的な思い込みや指摘ではなく、相手の感じ方や考え方を知った上でのやりとりができればと思います。

8 嫌なイメージのある言葉を使うのは避け、代わりの言葉を使って伝える。

1　こんなとき

昨日
ギョーザを
食べたの

2　こうするよりは

あなた
口がくさい
えっ

3　こうしてみては？

そうなの？
自分では
わからないね

（1枚目を提示）

T：立ち話をしているよ。何について話している？

C：昨日餃子を食べたこと。

T：🔊「昨日　ギョーザを食べたの」そう言われた子はどんな様子？

C：何かキョトンとしている。

T：そんな顔だね。

（2枚目を提示）

T：言われた子、何か言っている、何？

C：「あなた　口がくさい」って、においをかいでいる。猫みたい。

Ｔ：猫はそうだね。「あなた　口がくさい」そう言われた子はどんな様子？

Ｃ：口をふさいでいる。

Ｔ：「えっ」臭いと言われるまで、気付いていなかったのかな？

Ｃ：そうかも。

（３枚目を提示）

Ｔ：こっちでは、言われた子は嫌な顔をしていないね。嫌な思いをしないですむ伝え方をしたんだね。どう言った？

Ｃ：難しい。

Ｔ：うん、聞いてみようか。「にんにくのにおいが　するよ」にんにく臭いよっていう意味だけど、臭いではなくにおいと言い換えているね。

Ｃ：同じじゃない？

Ｔ：何のにおいにしろ、臭いと言われたら嫌な気がするよね？

Ｃ：そうかも。

Ｔ：言われた女の子も「そうなの？　自分ではわからないね」臭いと言われたときと違って嫌な顔ではないね。

Ｃ：確かに。

Point

高学年になると、徐々に、相手を傷つけない伝え方ができる子が増えてきます。しかし、まだまだそこまではできない子もいます。この場面は、不用意な言葉が相手の感情に及ぼす影響を知ったり、他の適切な言葉に言い換えたりする指導例として活用してください。

9　事実を口にしただけでも、それが嫌味や自慢になってしまうときがあることを知る。

1　こんなとき

2　こうするよりは

私はまた100点よ
自まん？私は馬鹿で悪かったね

3　こうしてみては？

私いつもどこかでミスするの

（1枚目を提示）

T：漢字の小テストかな？　それぞれ何点？

C：80 点と 100 点。

T：テストを見せ合うことはある？

C：良い点のときは見せる。

（2枚目を提示）

T：それぞれどんな顔で何を話している？

C：右の子は笑顔で「私はまた 100 点よ」左の子は嫌そうな顔で「自まん？　私は馬鹿で　悪かったね」って。

T：「私はまた 100 点よ」 「自まん？　私は馬鹿で　悪かったね」右の子はあなた馬鹿ねとは言っていないよ。左の子はどうしてこんな反応？

C：わたしは 100 点なのに、あなたは 80 点なのと言われたような気がする。

T：なるほど。左の子にはそういう意味に聞こえたんだね。

C：絶対そうだよ。

（３枚目を提示）

T：こっちでは、そう聞こえないように言っている。何と言ったと思う？

C：難しかったよね。

T：良いね。 「まちがいやすいよね」よく似た漢字も多いから、間違いやすいよねと自分の経験も話しているんだね。

C：でも、間違えてない。

T：今回はね。相手の子は 「私　いつもどこかでミスするの」さっきのと違って笑っているね。

C：右の子が自慢しなかったから。

T：自慢に聞こえないように話せたんだね。

Point

右の子は単に「私はまた 100 点よ」と、事実や嬉しい気持ちを口にしただけの可能性もあります。でもそれが、相手の状態や受け止め方次第で、嫌味や自慢になってしまうことはあります。高学年でも、相手の様子を察して適切な言葉を発することはまだまだ難しいです。

10　自分の家で大事にしている決まり事を、よその家でまで主張しないようにする。

1　こんなとき

2　こうするよりは

出しっぱなしにしてはいけないんだよ
えっ…

3　こうしてみては？

へえ おぎょうぎが良いんだね

（1枚目を提示）

T：これはどっちの子の家の玄関？

C：左の子。

T：そう。多分、左の子の家に右の子が遊びに来たところだろうね。

C：新聞受けがあるからマンションだね。

T：本当だ、よく見ているね。

（2枚目を提示）

T：遊びに来た女の子は何をしている？

C：靴を片付けている。

T：「出しっぱなしにしては　いけないんだよ」そう言いながら片付けているね。この子は、靴がたくさん出たままになっているのが気になったのかな。この家の子は　「えっ…」と言っている。どうして？

C：お父さんの靴なのに、私に言われてもって思った。

T：なるほど。自分のことは自分でやろうという家ってことね。

C：えっ、そうなの？

T：本当はどうかは分からないけどね。でも、それぞれの家のルールは違いそう。

（３枚目を提示）

T：こっちでは、遊びに来た子は何をしている？

C：靴を揃えている。

T：誰の靴？

C：自分の靴。

T：この子の家では、靴は揃えるというルールがあるのかな。それを見てこの家の子は　「へえ　おぎょうぎが　良いんだね」

C：ほめている。

T：この家の靴の出し入れの方法はこの家のルール。遊びに来た子が自分の靴をどうするかはこの子のルール。それがこの家の子から見たらお行儀が良かったので感心。やっぱり、ルールはそれぞれ違うってことだね。

C：うん。

Point

友達の家に遊びに行くと、自分の家の方針やルールとは違う場面に出くわすことがあります。絶対的だと思っていたルールが、他の家ではそうではなかったり、逆に自分の家にはない新たなルールに気付いたりします。自分の家と他の家のルールのそれぞれを尊重し、少なくとも自分のルールを他の家でまで主張するべきではないと気付いてほしいと思います。

11 法律にまではなっていなくても、多くの人が守っている約束事があることを知る。

1　こんなとき

そんなことをしたらダメだよ

2　こうするよりは

ダメってだれが決めたんですか？
どんな法律ですか？
どんな法律って…

3　こうしてみては？

うん　とび下りて足をくじいてもいけないしね

（1枚目を提示）

T：🔊「そんなことをしたらダメだよ」この女の子は、どうしてだめだと言っている？

C：この子が窓の所に乗っているから。

T：これはだめなこと？

C：怒られると思う。

T：なるほど。これは怒られることなんだね。

（2枚目を提示）

T：だめと言われた子はどんな反応？

C：言い返している。「ダメってだれが決めたんですか？　どんな法律ですか？」

T：「ダメってだれが決めたんですか？　どんな法律ですか？」注意した女の子は　「どんな法律って…」困っている。どうして？

C：どんな法律か知らないから。

T：窓に上ってはいけないという法律があるのかなあ？

C：知らない。だめって言われることだから……あるんじゃないの？

T：どうかな、この女の子は法律に反しているからだめと言ったのではないのでは？

C：えっ！　分からない。

（３枚目を提示）

T：こっちでは、男の子、だめな理由に気付いたみたい。「そうか　窓は出入り口ではないからね」法律ではなく、外に出るときは窓からではなく出入り口からという約束事ってことだね。女の子は　「うんとび下りて　足をくじいても　いけないしね」怪我の心配もしている。

C：そういうことか。

Point

法律にまではなっていなくても、多くの人が守っている約束事があります。特に学校など大勢が集まる場所では、約束事も多いです。納得できないことに関しては、理由を聞いたり話し合ったり、考えたりすることも重要です。この絵カードはその入り口に過ぎませんが、これをきっかけに、実生活の場で学ぶ機会を持ってほしいと思います。

12　友達にプレゼントをもらったときは、「有難う」の言葉を伝えるようにする。

1　こんなとき

お誕生日おめでとう

2　こうするよりは

何これ？変な人形

3　こうしてみては？

下手でごめんね

（1枚目を提示）

T：何をしている？

C：誕生日プレゼントを渡している。

T：🔊「お誕生日おめでとう」右の子が誕生日なんだね。

（2枚目を提示）

T：誕生日の子は何と言っている？

C：「何これ？　変な人形」

T：🔊「何これ？　変な人形」渡した子はどんな反応？

C：本当に変な人形かどうかよく見て確かめている。

T：そうなの？

C：うん。

T：では、もう1つ質問。左の子は変な人形だと言われてどう思っていそう？

C：変な人形って言われた、変なのかなあ。

T：うん、変なのかなあ。でも、そう言われると辛いなあ……と思っているってことはない？

C：さあ。

（3枚目を提示）

T：こっちでは　「下手で　ごめんね」作った子も上手にできたとは思っていないみたいだね。でも、辛そうではない。右の子、何と言ったのかな？

C：ありがとう、変だけど大事にするね。

T：……。変とか下手とかの言葉は口に出さないで言うとしたら？

C：変じゃない人形、大事にするね。

T：……。「有難う　これ　作ってくれたの？」こんな言い方はどう？

C：でも、欲しくないのに、気をつかうのはやっぱり面倒だね。

T：欲しかった物かどうかではなく、作ってくれた気持ちと手間にありがとう。それなら言える？

C：まあ、何とか。

Point

高学年では、自分の気持ちを抑えながら対人関係を保つことが可能な子も多いです。しかし、登場児や被指導児のように心に浮かんだ言葉をそのまま口にしてしまう子もいます。「これ欲しかったの」と言うと嘘になりますが「有難う　これ　作ってくれたの？」のような感謝の伝え方もあります。適切な言葉のやりとりの一例として知ってほしいです。

13　人には秘密にしておきたいことがあることを知り、それを守る。

1　こんなとき

私 あの子が 好きなの

2　こうするよりは

やめて！
好きなんだって あなたはどう？

3　こうしてみては？

そう 秘密ね

（1枚目を提示）

T：打ち明け話って知っている？

C：打ち明けること。

T：今まで黙っていたことを話すことね。左の女の子が打ち明け話をしているよ。どんな話？

C：えっと、あの子が好きなのって。

T：話している相手との距離は近い？

C：近い……のかな……。

T：「私　あの子が好きなの」この男の子にも聞こえているかもしれないね。

C：大丈夫、知らん顔をしている。

（２枚目を提示）

Ｔ：打ち明けられた女の子はどんなことをしている？

Ｃ：男の子に言いに行った。

Ｔ：「好きなんだって　あなたはどう？」打ち明けた女の子は
「やめて！」と言っているよ。どうしてだろう。

Ｃ：分からない。好きって良いことなのに、どうしてやめてって言うの？

Ｔ：さっき、内緒で打ち明けたよね。誰に内緒？

Ｃ：えっ、誰？

Ｔ：男の子には内緒にしてほしかったのでは？

Ｃ：えっ、どうして？

Ｔ：男の子に知られるのが恥ずかしいのかもしれないよ。

Ｃ：えっ、恥ずかしいって、どうして？　意味が分からない。

Ｔ：○○ちゃんは、恥ずかしくない？

Ｃ：良いことだもの、当たり前。

（３枚目を提示）

Ｔ：こっちでは　「そう　秘密ね」と言っている。左の子は、○○ちゃんと違うね。恥ずかしいから、男の子に内緒にしてほしいみたい。

Ｃ：まあ、頼まれたのなら仕方がない。

Ｔ：念のために　「好きだというのは　内しょだよね」って確認して、相手の気持ちを汲んで秘密にしてあげることならできそう？

Ｃ：まあ、そのほうが良いのなら。

Point

真ん中の登場児は、人には秘密にしておきたいことがあるのだと、よく理解できていません。悪気があって男の子に伝えたのではなく、むしろ、好きだというのは良いことなので、知らないなら教えてあげようという善意の行動です。被指導児も同じタイプの子です。共感できる部分が少ないなら無理強いせず、ではどう行動すればよいかという提案をしてあげてください。

14　自分で決めた習慣やルールを守ることも大切だが、時にはそれを変える勇気も必要であることを知る。

1　こんなとき

10時まで
体操の時間

2　こうするよりは

熱があるんだから
お願いだから
ベッドに入って

3　こうしてみては？

お薬を飲んで
ゆっくり
ねてね

（1枚目を提示）

T：この子は何をしている？

C：「10時まで体操の時間」と言いながら体操をしている。

T：「10時まで体操の時間」でも、なんだか苦しそうな顔をしている。

C：これ、汗？

T：汗もかいて苦しくて大変そうなのに、どうして体操なんかしているのかなあ。

C：日課なんだよ、きっと。

（２枚目を提示）

Ｔ：お母さんが声をかけに来たよ。何と言っている？

Ｃ：「熱があるんだから　お願いだからベッドに入って」

Ｔ：「熱があるんだから　お願いだからベッドに入って」男の子は体操を続けたいけど、お母さんはやめてほしいみたい。男の子、ぐったりしている。

Ｃ：目をつむっている。これ、あぶないよ。

（３枚目を提示）

Ｔ：こっちでは　「お薬を飲んで　ゆっくりねてね」お母さん、無理やりベッドに連れて行ったね。男の子、どんなことを言ってそう？

Ｃ：頑張って体操をしようと思ったのに。

Ｔ：うん、頑張って日課の体操をしようとしたけれど　「調子が悪い日は中止というルールに変えよう」って。無理をしたら良くないよね？

Ｃ：多分。

Point

１度決めたルールを変えることが難しい子はいます。同じであり続けることで安心できるので、急な予定の変更は苦手なのです。被指導児が同じタイプの場合は、絵カードを客観的に見ることで、それに気付くきっかけになります。基本的には変化の少ない環境を保ちつつ、時には習慣やルールを変えることも必要だと伝えてほしいです。

15 疑いをもたれたときには、臆せず落ち着いて事実を伝える。

1　こんなとき

さわらないで

2　こうするよりは

ランドセルから
勝手に
外さないでよ

3　こうしてみては？

私と同じの
だったんだね
ごめんね

（1枚目を提示）

T：🔊「さわらないで」何を触ってほしくないの？

C：この子が持っているハートの……これ何？

T：防犯ブザーかな。触らないでと言ったってことは、これは誰の物？

C：左の子の。

T：自分のを触られて怒っているんだろうね。

（2枚目を提示）

T：🔊「ランドセルから　勝手に外さないでよ」右の子はどんな様子？

C：黙ってうつむいている。

T：どうして謝らないのかな？
C：大声で文句を言われたから、怖いとか？

（３枚目を提示）
T：こっちでは、返事をしている。「えっ　これは私のよ」
C：嘘をついているの？
T：後ろに同じブザーが付いているランドセルがある。
C：本当だ。
T：他のとは違う珍しいデザインのブザー。だから左の子は確認もせずに自分のだと思い込んでしまったのかな。
C：右の子、初めから、これは私のだと言えばいいのに。
T：びっくりして言えなかったのでは？　はっきりと言うことは大事だね。でも左の子も確認しなかったのもまずかったね。
C：よくあるよ、そんなこと。
T：「えっ　これは私のよ」って言ったら　左の子も確認して「私と同じのだったんだね　ごめんね」で終わったのにね。しっかりと相手に伝えること、確認すること、どちらも大事だね。
C：つまらないことで喧嘩をしないでほしい。
T：……。

Point

右の登場児には、自分の気持ちや意見を表明するのが苦手か、自分は分かっているのだから相手にも分かるはずなのに何故？と思っている、その２つの可能性があります。被指導児には、そのどちらの場合でも、はっきりと言わなければ相手には伝わらないので、事実を言うのが大切であることを伝えてほしいと思います。

11

連続絵カード

小学生高学年版２

言動と反応の対比

アクトボイスペン対応
ソーシャルスキルトレーニング絵カード―連続絵カード
SST絵カード―高学年版２
小学生高学年版２　言動と反応の対比
1200mを15分で歩くと
時速は何km？
15分
1200m
教えるの下手くそ
それでも教師？
①こんなとき
②こうするよりは
③こうしてみては？
編・著／ことばと発達の学習室M　発行／エスコアール

1　一般的に大人に対しては、友達に使うような言葉ではなく、ていねいな言葉で話すようにする。

1　こんなとき

歩くの
おそいな

2　こうするよりは

どいてよ
えっ

3　こうしてみては？

どうぞ

（１枚目を提示）

T：この男の子は何を思っている？

C：「歩くの　おそいな」

T：🔊「歩くの　おそいな」道も狭いし追い抜くのも難しそうだね。

C：うん。

（２枚目を提示）

T：さっきの子、どうした？

C：無理やり、追い抜こうとしている。

T：🔊「どいてよ」 🔊「えっ」女の人は後ろにこの子がいたことに気付いていたのかな？

C：気付いていなかったの？
T：急にどいてよと言われてびっくりしたように見える。
C：ふうん。

（３枚目を提示）
T：こっちでは、追い抜く前に話しかけているね。女の人も 「どうぞ」と答えている。この子は何と言ったのかな？
C：どいてください。
T：そのまんまだね。他の言い方も聞いてみようか。 「すみません通らせてください」 「どうぞ」
C：それでも良い。
T：そうだね、ていねいな言い方だね。真似して言ってみる？
C：そのときにね。

Point

同年代の子と、年上の高齢者に声をかけるのとでは、当然、言葉づかいや声のかけ方は変わってきます。普段その機会が少ないと、とっさに丁寧語や敬語は出てこないかもしれません。子どもとお婆さんになって、声を出して練習をしてみるのも面白いです。

2　声をかけてもらったときには、それが自分の意志に反する言葉でも、その意図を考えてみる。

1　こんなとき

危ないよ

2　こうするよりは

うるさい！
その言い方は何！

3　こうしてみては？

気を付けるにこしたことはないよ
大じょうぶだけど

（１枚目を提示）

Ｔ：人が２人いるよ。大人のほうが　「危ないよ」と言っている。危ない？

Ｃ：この車、こっちへ走って行くところだから危なくない。

Ｔ：もう車は来ない？

Ｃ：来るかもしれないけど、さっと渡れば大丈夫。

Ｔ：そう？　でも、車のスピード速いよ。

Ｃ：大丈夫。

Ｔ：あれ、すぐそばに横断歩道がある。こっちのほうが安全なのと違う？

Ｃ：まあ、一応。

（２枚目を提示）

T：声をかけられた子、何と答えた？

C：「うるさい！」

T：「うるさい！」この子、どうしてそんなことを言ったのかな？

C：人に言われるのが嫌。うるさい。

T：危ないことは分かっている？

C：まあ、少しは。

T：声をかけた女の人　「その言い方は　何！」って思っている。怒っているみたい。どうして？

C：親切で声をかけたのに、うるさいって言われたから。

T：予想外だった？

C：そういうこと。

（３枚目を提示）

T：こっちでは、女の人は笑顔だね。男の子　「大じょうぶだけど」と思いながら、どんな返事をしたのかな？

C：仕方がないのでそうします。

T：えっ、仕方がないまで言うの？

C：だめ？

T：いや、まあ。この子はこう言っているよ。「ありがとう　横断歩道をわたった方が　安全ですね」

C：ありがとうとも思ってもいないのに？

T：えっ、それならお礼はなしでもいいよ。でも、心配してくれたのは有難いと思うけど。「気を付けるにこしたことはないよ」ほら、やっぱり、心配してくれたんだよ。

C：はい、はい。

Point

音声ペンのせりふは、こんな言い方もあるという１つの例として提示してみてください。「こう言えば良いよ」ではなく、あくまでも「こんな言い方もあるよ」と紹介するようにします。

3　親切心で言った言葉でも、それが相手の気分を害してしまうこともあることを知る。

1　こんなとき

550キロカロリー

2　こうするよりは

おばさんは太っているから食べない方が良いよ
子どもがそんなことを言うものではないよ

3　こうしてみては？

550キロカロリー？でも食べるよ

（1枚目を提示）

T：喫茶店で、注文をするところだね。

C：いちごのケーキ。

T：550キロカロリーって書いてあるね。

C：知っている。たくさん食べると太りますっていう数字。

T：よく知っているね。

C：そのぐらい知っているよ。

（2枚目を提示）

T：女の子、向かい側の女の人に何を言っている？

C：「おばさんは太っているから　食べない方が良いよ」

T：「おばさんは太っているから　食べない方が良いよ」隣のお母さん、焦っているよ。どうしてだろう？

C：分からない。

T：おばさんに、そんなことを言ったらだめって思っているのでは？

C：どうして？

T：おばさん　「子どもがそんなことを　言うものではないよ」だって。

C：大人だったら言っていいの？

T：大人にでも子どもにでも、いきなり太っていると言われるのは嫌だろうね。

C：大きなお世話だから？

T：そうかもしれない。まあ、食べたい気持ちは抑えられないのでついつい女の子に当たったのかも。

C：子どもみたいだね。

T：えっ……そう……。

C：ダイエットは明日からでいいのに。

T：……うん。

（３枚目を提示）

T：こっちのほう、さっき子どもみたいに怒っていたおばさん、ニコニコ顔で　「550 キロカロリー？　でも　食べるよ」女の子は何を言ったのかな？

C：このケーキは 550 キロカロリーですよ。おいしそうですね。

T：550 キロカロリーというのは伝えたいのね。まあ、おばさんも食べる覚悟だったのだろうから、食べないほうが良いと言われるよりは気分は良いと思う。聞いてみるよ。「このケーキ 550 キロカロリーもある　びっくり」

C：脅しているみたい。

T：……そうも、見えるね。……でもおばさんも覚悟ができているから大丈夫！

Point

この被指導児は、驚くほど大人の心理を読み、当意即妙な受け答えができる子です。しかし、「子どもだね」「脅しているみたい」などの言葉も、実生活では一言多いとみられます。ここでは、快く思わない人もいる事実は伝えたほうが良さそうです。

４　大人である先生に対して、失礼にならない適切な言い方で自分の気持ちを伝えるようにする。

１　こんなとき

1200mを15分で歩くと
時速は何km？
15分
1200m
わからない
わからない
1200m?
何km?
15分?
時速?

２　こうするよりは

1200mを15分で歩くと
時速は何km？
15分
1200m
教えるの
下手くそ
それでも
教師？

３　こうしてみては？

そうね
この図ではまだ
わからないよね
1200mを15分で歩くと
時速は何km？
15分

（１枚目を提示）

Ｔ：算数の授業中。みんな集中している？

Ｃ：右の子「？」がいっぱい。

Ｔ：そうだね。🔊「わからない　わからない」分からなくて困っているね。

Ｃ：うん。

（２枚目を提示）

Ｔ：分からないって困っていた子、どうした？

Ｃ：立って、先生に「教えるの下手くそ　それでも教師？」って。

Ｔ：🔊「教えるの下手くそ　それでも教師？」そう言われた先生はどんな反応？

C：何か、怒る３秒前。

T：失礼な！　何を言っているのという顔？

C：そう。

T：分からなくてイライラして、そう言ってしまったんだよね。分からないことが先生に伝わればいいんだよね。もっと良い言い方はないかな？

C：さあ。

（３枚目を提示）

T：こっちでは、先生にも 「そうね　この図ではまだわからないよね」と伝わったみたい。何と言ったのかな？

C：先生、分かりません。

T：そうだね。「そこ　良くわかりません」先生も笑顔。まだ説明の途中だから分からないのは当たり前という感じだね。この後、分かると良いね。

C：分かるかなあ。

Point

大人である先生に対してだけではなく、友達に対しても相手をののしるような言動を避けるのは当然です。気持ちを受け止めてもらうためにも、尊敬語・謙譲語など相手への敬意を示す言葉なども学んでほしいです。

5　直接、加害者に立ち向かわなくても、未然に被害を防ぎ、自分の身も守る方法があることを知る。

1　こんなとき

2　こうするよりは

それは
10年以下のちょうえき
または50万円以下の
ばっ金の犯罪です
生意気！

3　こうしてみては？

ちぇっ！

（１枚目を提示）

Ｔ：ここは公園、人が３人いる。どんな場面？

Ｃ：おばさんがベンチで寝ていて、その周りに２人が立っている。

Ｔ：うん、手前の男の子は何かに気付いたみたい。何に気付いた？

Ｃ：高校生みたいな人が、おばさんのかばんから何かを取り出そうとしている？

Ｔ：どうぞ盗んでくださいと言わんばかりの財布を、このお姉さんが狙っている？

Ｃ：狙っているって、もしかして泥棒？

Ｔ：知り合いではなさそうだね。黙って近付いて来たみたいだし。

Ｃ：そうか。

T：寝ているみたいだし、しめしめって感じ？

C：わあ、それだめだよ。

（２枚目を提示）

T：男の子、お姉さんに近付いていったね。何と言っている？

C：え、これ読むの？　長くない？

T：じゃあ、音声ペンで読もうか。「それは　10年以下のちょうえきまたは50万円以下のばっ金の犯罪です」それはってどれのこと？

C：しめしめ、のこと。

T：うん、財布を取ることね。難しい言葉だけれど、それは悪いことだよ。警察に捕まるよ、って言っているんだね。

C：そう。

T：お姉さんは　「生意気！」と言って男の子を叩こうとしている。

C：泥棒と暴行。警察に捕まるよ。

T：悪いことだとは知っているけれど、小さい子に言われて腹を立てて殴ろうとしているんだろうね。

C：そういうこと。

（３枚目を提示）

T：こっちでは、男の子、お姉さんに近付いていないね。

C：うん。

T：近付かずに何かを言っている。どんなこと？

C：おばさん、どろぼうだよ！

T：近くに行かないで、みんなに聞こえるような大声で言ったほうが安全かもしれないね。大声ならおばさんも気付くしね。「おばさん財布！」男の子の声で気付いてかばんを引き寄せている。お姉さんは「ちぇっ！」と言って離れていっている。財布はどこにある？

C：かばんの中。

T：犯人に攻撃されずに、財布も無事。良かったね。

C：うん。

Point

この場面のように、自分の身を守りながら、犯罪を未然に防ぐ方法もあります。日常場面ではほとんど出合うこともないと思いますが、このような方法を知っておくのも無駄にはならないと思います。

6　事故などでは、相手と自分の怪我の有無を確認し、手当てを最優先にするべきであることを知る。

1　こんなとき

林

2　こうするよりは

わぁ スイミングに おくれる
痛い 痛い

3　こうしてみては？

林
立てないから そこの山本さんを 呼んできて ちょうだい

（1枚目を提示）

T：お婆さんが転んでいるね。どうしてだと思う？

C：かばんが当たったからかな。

T：自転車に乗っている子は当たったことに気付いていそう？

C：気付いていると思う。

T：お婆さんのほうを見ているね。

（2枚目を提示）

T：自転車の子は何と言っている？

C：「わぁ　スイミングにおくれる」

T：🔊「わぁ　スイミングにおくれる」急いで行こうとしているね。

C：うん。遅刻したらだめ。

T：でも、転んだお婆さんは何と言っている？

C：「痛い　痛い」

T：「痛い　痛い」

C：大丈夫かな？

T：男の子、お婆さんのことに気付いていたのに行ってしまうの？

C：スイミングに遅れる。

T：お婆さん、立てるかな？

（３枚目を提示）

T：こっちでは、男の子はお婆さんに声をかけている。何と言っていると思う？

C：ごめんなさい。

T：うん。「すみません　どこが痛いですか？　どうしたら良いですか？」謝るだけでなく、自分には何ができるか聞いているね。

C：へえっ！

T：お婆さん　「立てないから　そこの山本さんを呼んできてちょうだい」だって。それならこの男の子にもできるね。

C：男の子、スイミングは遅刻だね。

T：そうだね。遅刻しないように、知らんぷりをして行ったほうが良かった？

C：いや、それはだめ。

Point

この被指導児も、初めは遅刻を気にしています。しかし、絵カードで様子を見ていくうちにお婆さんの怪我のほうが気になってきたようです。このように物事を客観的に見る力は、行動時の適切な判断に大いに役立ちます。

7　知らない人が楽しんでいる場面では、その様子に興味があっても口出しはせずに通り過ぎる。

1　こんなとき

キャー
危ない！

2　こうするよりは

変な子ー！
代わってやるよ

3　こうしてみては？

あっ 終わった
今度は私

（1枚目を提示）

T：人が４人いるよ。それぞれ何をしている？

C：ゲームをしている２人組と、そばを通るお父さんと子ども？

T：🔊「キャー　危ない！」２人組はゲームに夢中だね。親子のほうは、気になって見ているのかな？

（2枚目を提示）

T：ゲームをしている２人が　🔊「変な子！」だって。どうして？

C：「代わってやるよ」って言ったから。

T：代わるって変なこと？　危ないって言っていたから、助けてあげようと思ったのに？

C：いや、そんなのは要らない。
T：どうして？
C：これ、通りがかっただけの知らない人だから。
T：そうか、それで変な子って言われたんだね。

（３枚目を提示）
T：こっちでは　「あっ　終わった　今度は私」２人で交代して遊んでいて、男の子は気になりながらも通り過ぎようとしているね。
C：そりゃそうだ。
T：気になっても、声をかけなかったのはどうして？
C：変な子って思われたくないから。
T：２人でゲームを楽しんでいるのだと分かったんだね。
C：まあ、そういうこと。

Point

ゲーム中の２人は勝つだけが目的ではなく、ゲームそのものを楽しんでいるようです。男の子は勝つ自信があったので、声をかけたのです。相手が知っている人かどうかで展開も違ってきますが、ここでは「変な子」との一言で、知人ではないことが分かります。

8　公共の場では、親しいわけではない人のそばは避け、空いている離れた所に座るようにする。

1　こんなとき

どこで飲もうかな

2　こうするよりは

ここで飲むので荷物をどけて下さい

3　こうしてみては？

（1枚目を提示）

T：ここは公園。2人はそれぞれどんなことをしている？

C：男の人はベンチに座っている。女の子は「どこで飲もうかな」と思いながら歩いている。

T：🔊「どこで飲もうかな」女の子は座って飲み物が飲める場所を探しているんだろうね。

C：男の人は？

T：ベンチに座ってパソコンで仕事中かな。

（２枚目を提示）

Ｔ：女の子、何と言っている？

Ｃ：「ここで飲むので　荷物を　どけて下さい」

Ｔ：「ここで飲むので　荷物を　どけて下さい」そう言われた男の人はどんな顔？

Ｃ：びっくりした顔。

Ｔ：どうしてだろう？

Ｃ：荷物をどけるのが面倒？

Ｔ：うん、驚いたのかな？「隣も空いているのに、どうしてわざわざこっち？」って。

Ｃ：すぐ隣はだめなの？

Ｔ：そうだね。知らない人なら特にね。

Ｃ：ふーん。

（３枚目を提示）

Ｔ：こっちでは、女の子はどこに座ろうとしている？

Ｃ：空いているベンチ。

Ｔ：くるりと向きを変えているからそうだろうね。何と言っていると思う？

Ｃ：ここにしよう。

Ｔ：そうだね。「ここが　空いている」

Ｃ：うん。

Point

日常生活では「席を詰めて座ってください」などの言葉かけがある場面はよくあります。

もしかしたら、この女の子もそんなことを思い出していたのかもしれません。時と場合によって、対処方法も変わるということも学んでほしいと思います。

9　「だれとでも仲良く」は、「だれでも良いから仲良くしよう」という意味ではなく、「一緒に行動する人とは、できるだけ争わずに気持ちよく過ごそう」という意味だと知る。

1　こんなとき

だれとでも
仲良く遊んでね

2　こうするよりは

この子
だれ？
遊ぼう

3　こうしてみては？

うん
昨日の続きを
しよう

（1枚目を提示）

T：お母さんが子どもに話しかけている。何と言っている？

C：「だれとでも　仲良く遊んでね」

T：「だれとでも　仲良く遊んでね」言われたことある？

C：ない。

T：このお母さんの言葉、どういう意味かな？

C：何か特別な意味があるの？

T：うん。誰とでもの意味を次の絵で考えてみるよ。

（２枚目を提示）

T：男の子、何をしている？

C：制服のお姉さんに「遊ぼう」と話しかけている。

T：🔊「遊ぼう」お姉さんたちは、どう思っている？

C：「この子　だれ？」って引いている。

T：🔊「この子　だれ？」知らない子なんだね。男の子はどうして声をかけた？

C：お母さんに誰とでも仲良く遊んでねって言われたから？　いやいや、それはない。

T：誰とでも仲良く遊んでねっていう言葉を、知らない人とでも仲良く遊んでねっていうことだと思ったのでは？

C：ええっ、サイアクー。

（３枚目を提示）

T：こっちでは、同じ年くらいの子に　🔊「うん　昨日の続きをしよう」と言われているから、昨日も遊んだ友達だね。

C：そうだと思う。

T：🔊「遊ぼう」この友達と仲良く遊べそうかな。

C：相手も乗り気だから遊べると思う。

Point

「だれとでも　仲良く遊んでね」というお母さんの言葉を字義どおりにとってしまい、よく知らないお姉さんとも仲良く遊ぼうと思って話しかけてしまっている場面です。このような勘違いをしてしまう子もいるので、言葉の意味を具体的に説明することが必要です。

10 いつでも自分の都合が最優先されるわけではないことを知る。

2　こうするよりは

じゅくに
おくれるから
先に頂だい

1　こんなとき

3　こうしてみては？

（1枚目を提示）

T：キッチンカーって見たことある？

C：何それ。

T：こんな風に食べ物を売るお店も兼ねている車。

C：あー、これ。ピンク色のなら見たことある。

T：車の中にいるのが店員さん。お客さんはどの人？

C：この３人と、女の子も？

（2枚目を提示）

T：女の子はどこ？

C：前。

T：店員さんに何と言っている？

C：「じゅくにおくれるから　先に頂だい」

T：「じゅくにおくれるから　先に頂だい」先って？

C：並んでいた３人より先？

T：待っていたお客さんより先に欲しいとお店の人に言っているんだね。

C：そういうこと。

T：お客さんはどんな顔で見ている？

C：このお母さん、呆れている。

T：どうして？

C：だって、順番抜かしだから。

（３枚目を提示）

T：こっちでは、女の子はどうしている。

C：素通り。

T：タイ焼きは買わないの？

C：塾に遅れるから、買うのをやめた。

T：寄り道はしないぞ、と決意した？　「じゅくにおくれるから　買うのをあきらめよう」買っていると時間がかかるので、買うのをやめようということね。

C：そういうこと。

Point

自分のことしか念頭にないと「自分は遅れる可能性があるのだから、優先してもらって当然」と考えてしまいます。でも、実は他の人にも事情がある場合も少なくないです。そのようなことへの気付きにも、つないでいきたいものです。

11 下着のままで廊下などに出ることは恥ずかしいことだと知り、更衣室の中で着替えるようにする。

2 こうするよりは

暑いから外で着がえる
えっそれははずかしいよ

1 こんなとき

ここ暑い

3 こうしてみては？

ありがとう私も暑かったの

（1枚目を提示）

T：次は体育なのかな。着替えているね。この女の子は何と言っている？

C：「ここ　暑い」

T：🔊「ここ　暑い」みんな顔に汗をかいているね。

C：シャツを着たままだね。

T：学校によるみたいよ。シャツを脱ぐところも、着替えのシャツを用意するところも、本人任せのところも。

C：へー、良いなあ。体操服だけになるのは嫌だよ。

（２枚目を提示）

T：暑いと言っていた子は何をしている？

C：教室から出て行こうとしている。

T：「暑いから外で着がえる」どんな格好？

C：下着だけ。

T：一緒に着替えていた子たちは　「えっ　それははずかしいよ」と止めようとしている。どうして？

C：男の子がいるかもしれないからだめ。

T：そうなんだ。

（３枚目を提示）

T：こっちでは、外に出ないで涼しくしようとしている。何をしている？

C：窓を開けている。

T：そうだね。「暑いから　窓を開けるね」風が入るだけでも違うかもしれない。窓を開けてもカーテンはそのままだから、外から見えないね。

C：うん。

T：一緒に着替えている子も　「ありがとう　私も暑かったの」と言っている。

C：ふーん。

Point

登場児は、涼しい場所を求めて外に出ようとしますが、他の子に制止されます。外に誰かがいる可能性を考えることが難しく、とっぴな行動をとってしまう子です。被指導児はそれがまずい行動だと分かる子です。このような場合、体操服の着方に話題を広げるなど、コミュニケーションツールの１つとして、この絵カードを活用することもできます。

12　生理は女子の身体の大切な現象だが、興味本位な視線から身を守るためにも男子の前で大声で話すのは避ける。

1　こんなとき

わたし 今 生理なの

2　こうするよりは

生理の時って 下着がよごれる ことがあるよね
声が 大きいよ

3　こうしてみては？

うん その方が いいね

（1枚目を提示）

T：女の子が２人で会話をしている。どんなことを言っている？

C：「わたし　今　生理なの」

T：🔊「わたし　今　生理なの」身体がだるいとか何か知っておいてもらいたいことがあったのかな。

C：さあ。

T：そばに男の子がいるね。

（２枚目を提示）

Ｔ：女の子の会話が続いている。🔊「生理の時って　下着がよごれることが　あるよね」左の子は何と言っている？

Ｃ：「声が大きいよ」

Ｔ：🔊「声が大きいよ」どういうこと？

Ｃ：声が大きいから、小さい声で話してっていう意味。

Ｔ：どうして小さい声で話してほしいの？

Ｃ：下着が汚れるとか、そばの男の子に聞こえるのは嫌だから。

Ｔ：そばの男の子たち、女の子の会話を気にしている感じだね。

Ｃ：女の子同士なら言ってもいいの？

Ｔ：相談したいこととか、困ったときに助けてほしいこととかあるかもしれないからね。

Ｃ：そんなもの？

Ｔ：そんなもの。

（３枚目を提示）

Ｔ：こっちでは、右の女の子は周りの男の子を気にしているね。男の子のほうを見ている。

Ｃ：そうなんだ。

Ｔ：男の子たちに聞こえる可能性を考えていそう。聞いてみようか。
🔊「今　話すのはやめておくね」生理の話は聞かれたくない話題だと思ったのかな？

Ｃ：うん。

Ｔ：🔊「うん　その方がいいね」聞き役の女の子も同じ意見みたいだね。

Ｃ：そうみたい。

Point

生理など女の子のデリケートな相談などは、できるだけ人のいない場所でするほうが無難です。本来ならば、決して秘密にしたり恥ずかしがったりする話ではありません。しかし、興味本位で聞き耳を立てる子もいるので、気を付けるに越したことはないとの理解を促したいです。

13 異性の髪の毛や身体に気安く触れてはいけないのだということを知る。

１　こんなとき

きれいだな

２　こうするよりは

さらさらだな
やめて！

３　こうしてみては？

（１枚目を提示）

Ｔ：🔊「きれいだな」何がきれいだと思っている？

Ｃ：きらきら髪。

Ｔ：きらきら、さらさらの髪みたいだね。

（２枚目を提示）

Ｔ：🔊「さらさらだな」男の子は、そう言って触ってしまったね。きれいだとほめているのに、女の子は 🔊「やめて！」だって。どうして？

Ｃ：引っぱったから、痛い。

T：うん、痛いのもあったかもしれない。でも、他にも理由がありそう。何だと思う？

C：さあ？

（3枚目を提示）

T：こっちでは、男の子はじっと髪を見ているけど、触ってはいないね。何を思っているんだろうね？

C：触らない。見るだけ、見るだけ。

T：そんな感じだね。「もう　小さい子みたいに　さわってはいけないんだ」なるほど。高学年にもなったら小さい子のように、むやみやたらに女の子に触ってはいけないんだね。

C：どうして？

T：身体つきも変わってくるし、男の子に触られたりするのが嫌な子も多くなってくるからね。

C：どうして？

T：小さいときは気にならなかった子も、この年齢になったら、気になってくるということ。その気持ちを尊重して、この男の子のように女の子に接する。それがマナーだということ。覚えておいてね。

C：マナー？

Point

被指導児は最後まで納得できていません。日頃から触ってはいけないと言われているものを触って壊したり、怪我をしたりさせたりという経験があり、それと重ね合わせて考えてしまうのかもしれません。成長が早いといわれる女の子の気持ちが推し量れない男の子も多いです。その場合は気持ちの説明より、それがマナーであるというほうが伝わりやすいです。

14 異性の服などの汚れをみつけても、身体に触らずに声をかけるだけにとどめる。

1 こんなとき

2 こうするよりは

ふいてあげる
やめて！

3 こうしてみては？

気が付かなかった

（1枚目を提示）

T：給食を食べている。男の子は何かを気にしている。何を気にしているのだと思う？

C：この赤いの。食べこぼし。

T：白い服に赤い汚れだから、目立っているね。

C：でも、女の子は気付いていないみたいだし。

T：そうだね。

（2枚目を提示）

T：男の子は何をしている？

C：「ふいてあげる」といって、指で拭き取ろうとしている。

T：「ふいてあげる」親切心からだろうね。ありがとうと言ってもらえそうなのに、女の子は　「やめて！」と嫌がっている。どうしてだと思う？

C：胸の所だから。

T：汚れを取ってくれるということは分かっていても、身体に触られるのが嫌なのだろうね。

C：手が汚いかもしれないし。

T：うん、どちらにしても触られるのが嫌なのだろうね。

（3枚目を提示）

T：こっちでは、拭いてあげるのではなくて声をかけている。何と言っている？

C：ねー、服に付いているよ。

T：「服に　ケチャップがついているよ」　「気が付かなかった」良かった、今度は嫌がらないで感謝してくれているね。

C：まあね。

Point

登場児は、例え親切心でも女の子には嫌がられる場合があることを分かっていません。被指導児は分かっているようですが、念のために、女の子は身体に触られたくないのだということ、言葉で教えてあげるのがマナーであることなどを再確認してほしいと思います。

15　覗くのは犯罪なので、異性の着替えに興味があっても、絶対に覗かない。

1　こんなとき

2　こうするよりは

のぞいている
気持ちが悪い

3　こうしてみては？

（１枚目を提示）

T：次はプールの時間。ここはどこだと思う？

C：更衣室。

T：男の子は何をしている？

C：見ている。

T：そうだね、女の子たちが気になるのか、更衣室が気になるのかは分からないけど、そちらを見ているね。

（２枚目を提示）

T：ここはどこ？

C：更衣室の中。

T：この男の子は誰？　何をしている？

C：さっきの男の子。更衣室の中を覗いている。

T：「のぞいている　気持ちが悪い」気持ち悪がられているね。覗くことは気持ち悪いこと？

C：こういうの、ヘンシツシャって言うんだって。

T：女の子の着替えを覗きに来た。こういうのを変質者っていうの？

C：そう。

（3枚目を提示）

T：こっちでは、男の子は通り過ぎている。

C：うん。

T：実は女の子たちのことが気になるのは同じ。でも、更衣室は近づいてはいけない所だと思って通り過ぎようとしている。どうして？

C：ヘンシツシャじゃないから。

T：なるほど。気になるのは同じでも、近づくか通り過ぎるかで、変質者かそうでないかということなの？

C：分からないけれど、多分、そう。

Point

登場児は、女の子の着替えに興味があり、その気持ちを隠したり行動を制御したりすることができにくい子です。一方、被指導児は更衣室を覗くのは「ヘンシツシャ」と、言葉を知っているだけの可能性がある子です。その言葉の意味を絵カードを見て理解し、どう行動すれば良いのかを伝えてほしいと思います。

巻末付録　場面分類

連続絵カード　**幼年版4**	園でよく見られる友達とのかかわりの場面が中心。	幼4
連続絵カード　**幼年版5**	友達との遊び方や先生との話し方、自分の気持ちを伝えたり依頼したりする方法を学ぶ場面が中心。	幼5
連続絵カード　**幼年版6**	場の状況を理解することや、適切な言動を学ぶ場面が中心。	幼6
連続絵カード　**幼年版7**	日常生活や遊びでのルールやマナーを学ぶ場面が中心。	幼7
連続絵カード　**幼年版8**	自分の言動をコントロールし、気持ちを切り替えて適切に対応する方法を学ぶ場面が中心。	幼8
連続絵カード **小学生低学年版1**	学校、家での同学年の友達や先生とのかかわりの場面が中心。	低1
連続絵カード **小学生低学年版2**	学校、家や近隣の人とのかかわり、意図やことばの裏の意味を知る場面が中心。	低2
連続絵カード **小学生中学年版1**	友達や先生との接し方、相手を知った上で自分の考えや気持ちを伝えることの大切さを学ぶ場面が中心。	中1
連続絵カード **小学生中学年版2**	暗黙のルール、ことばの裏の意味を知る場面が中心。	中2
連続絵カード **小学生高学年版1**	小さい子との接し方、友達とのコミュニケーション時の注意点を学ぶ場面が中心。	高1
連続絵カード **小学生高学年版2**	いろいろな場面での人との接し方、暗黙のルールや性に関する場面が中心。	高2

危険

場面

気持ち

意図

ルール

切り替え

対処

編・著者略歴

元　京都府下　公立小学校　ことばの教室担当
公私立　幼稚園、保育園、こども園　発達心理
カウンセラー

1998年6月よりホームページ　ことばと発達の学習室　主宰
（現在は終了）

● カバー・表紙および本文におけるイラストは、「ソーシャルスキルトレーニング絵カード」シリーズ（弊社刊）より使用しました。

一緒に考え、一緒に見つける！
ソーシャルスキルトレーニング絵カードサポートブック

2023年9月20日　初版第1刷　発行

編　著　ことばと発達の学習室M
発行者　鈴木峰貴
発行所　株式会社エスコアール
千葉県木更津市畑沢2-36-3
電話　0438-30-3090　FAX　0438-30-3091
URL　https://escor.co.jp
印刷所　株式会社明正社

ISBN978-4-909375-13-1